U0097563
金星出版
命理生活新智慧・叢書
VENUS PUBLISHING CO.

命理生活新智慧・叢書 83

# 『李虛中命書』詳析

法雲居士⊙著

金星出版社 http://www.venusco555.com
E-mail:venusco555@163.com

法 雲 居 士 http://www.fayin777.com
E-mail:fayin777@163.com

國家圖書館出版品預行編目資料

李虛中命書詳析／
法雲居士著， --臺北市：金星出版：
紅螞蟻總經銷，2007年8月 初版；
2017年6月再刷 面 ；公分—
（命理生活新智慧叢書；83）

ISBN 978-957-8270-75-6 （平裝）

1.命書

293.1 96013733

# 李虛中命書詳析

作　　者：法雲居士
發 行 人：袁光明
社　　長：袁光明
編　　輯：王璟琪
總 經 理：袁玉成
地　　址：台北市南京東路三段201號3樓
電　　話：886-2-2362-6655
傳　　真：886-2-2365-2425
郵政劃撥：18912942金星出版社帳戶
總 經 銷：紅螞蟻圖書有限公司
地　　址：台北市內湖區舊宗路二段121巷19號
電　　話：(02)27953656(代表號)
網　　址：http://www.venusco555.com
E-mail：venusco555@163.com
venusco@pchome.com.tw
法雲居士網址：http://www.fayin777.com
E-mail：fayin777@163.com
fatevenus@yahoo.com.tw

版　　次：2007年8月　初版　2023年12月　加印
登 記 證：行政院新聞局局版北市業字第653號
法律顧問：郭啟疆律師
定　　價：420元

行政院新聞局局版北字業字第 653 號
(本書遇有缺頁、破損倒裝請寄回更換)




ISBN :9789866441332（平裝）

（因掛號郵資漲價，凡郵購五冊以上，九折優惠。本社負擔掛號寄書郵資。單冊及二、三、四冊郵購，恕無折扣，敬請諒察！）

# 序

中國命理學源遠流長。中國是地球上人類三大文明發源地之一，從早期對自然界現象的不瞭解及恐懼所發展出的占卜問事、在夏商周都非常盛行，於是有為數龐大的甲骨文、鐘鼎文之類的龜甲、青銅器留下紀錄。

周朝是早期中國文化思想最澎勃的時代，不但易經、易卦發展完成（易經、易卦是陰陽消長的觀念），更將在商周時早已出現『五行』的概念實質化，《尚書・洪範》中殷遺臣箕子就對周武王提及『五行』的重要。『我聞在昔，鯀治洪水，汨陳其『五行』，帝乃震怒，不畀洪範九疇，彝倫攸斁。鯀則殛死，禹乃嗣興，天乃錫禹洪範九疇，彝倫攸敍。……初一曰五行，次二曰敬用五事，次三曰農用八政，次四曰協用五紀，次五曰建用皇極，次六曰又用三德，次七曰明用稽疑，次八曰念用庶徵，次九曰嚮用五福，威用六極。一、五行：一曰水，二曰火，三曰木，四曰金，五曰土。水曰潤下，火曰炎上，木曰曲直，金曰從革，土爰稼穡，潤下作鹹，炎上作苦，曲直作酸，從革作辛，稼穡作甘。』

由此，我們已經知道五行已入當時平常人之生活之中了。

在春秋戰國時代，以至於秦漢、『五行學』更涉入人類思想的各個層面，《史記》中記載鄒衍有『五德終始說』，他提出『五行相剋』的觀念，以及王朝更替歷史循環的觀念。而在西漢成帝時，劉向提出五行『相生』之說，秦漢之時本多陰陽家，敬順昊天，曆象日月星辰，敬授民時。秦漢時也因佛教的傳入，而有西方星相學的流入。

在鄒衍之後，陰陽、五行相合在一起，一是由董仲舒的《春秋繁露》將五行爭得儒家獨尊之地位。二是有『黃帝內經』為中醫基礎。此時已將一切自然現象、社會現象，以及人的食、衣、住、行、思想、感覺，都歸於五行的系統之中。

漢代把預測國家命運和預測個人吉凶的方法，稱之為『術數』或『數術』，《漢書・藝文誌》中有《數術略》，為七略之一，其中又包括了天文、歷譜、五行、蓍龜、雜占、形法六類。這些分門別類的著作只有一百一十種著作，而有二千五百五十八卷之多，可見數術類思想在秦漢時的文化地位有多麼重要了。

在魏晉南北朝時期，陰陽五行家，一直是科學、曆法和巫術相混合的時期，也是和西方傳來曆法、星相相摩合的時代。有郭璞作『葬經』。

隋朝時有蕭吉作《五行大義》，可見陰陽五行是中國一脈相傳的命理系統。

李虛中是唐代元和時人，為唐德宗貞元年間的進士，曾做官至殿中侍御史。字常容，生於河南，祖籍為隴西。

# 李虛中命書詳析

在《韓昌黎文集》中，『殿中侍御史李君墓志銘』中，大文學家韓愈曾為李虛中作墓志銘，言其：『喜學，學無不通，最深于五行書，以人之始生年、月、日所值日辰干支相生勝衰死王相，斟酌推人壽夭、貴賤、利不利、輒先處其年時，百不失一二。』

這本『李虛中命書』曾出現在《宋史・藝文志》、鄭樵的《通志・藝文略》、晁公武的《郡斋讀書志》、焦竑的《國史・經籍志》和《永樂大典》都有著錄。但書名和卷數略有出入。在《四庫全書・子部・術數類》，將書分為三卷採錄，後世研究星命之術者，多推崇李虛中為星命學的創始者。

據《四庫全書》的編者考證其書中，後半多稱『四柱』，因『四柱』起於宋，而且其他官職稱謂似宋朝，因此斷定此書其不完全為李虛中所著的。

這本『李虛中命書』的重要性在於此書是把五行、陰陽、星命整合而成的主要著作，此書成為四柱推命之始，『李虛中命書』以干祿、支命、納音身為『三命』，論命重年命以年為主，實兼論月、日、時之干支，後來的子平法論命論日，亦兼論年、月、時之干支，有所不同，但是為八字邁向更精準的里程碑。同時此書也是習八字，窮通富貴之敲門磚。是愛好命理、習八字者不可不瞭解的一本書。

法雲居士　謹識

命理生活叢書83

目錄

# 前　言

這本『李虛中命書詳析』是根據文淵閣《四庫全書》之版本而加以解析釋文的。在書中並將『四庫全書』之編者所寫之註釋文字，也一併譯出。並在書中標示『四庫案語解：』表示這些小字解釋是解釋《四庫全書》之編者所表達之意見的。筆者希望將這些不同之意見都呈現給讀者參考。《四庫全書》之編者，尤其是『子部』的部份，多由知悉命理知識的內閣大學士擔當之。例如紀曉嵐（紀昀）、陸錫熊、孫士毅等人，自然這些註釋案語是更加值得參考的了。

『李虛中命書』原本稱『鬼谷子遺文書』，有不同的版本。

## ◎『李虛中命書』詳析

宋代時稱『李虛中命書』，至清代時則為『鬼谷子遺文書——李虛中註』，根據許多著宿前輩的考證，在唐朝並無此書的記載。《藝文略》則為李虛中命書一卷及命書補遺一卷。晁公武《讀書志》以李虛中命書三卷。焦氏《經籍志》又於命書外加三卷。並有命書補遺一卷。至明代《永樂大典》中收李虛中命書三卷且有李虛中自序，稱『司馬季主于壺山之陽，遇鬼谷子，出遺文書九篇，論幽微之理，虛中為之註釋』，序中稱九篇，而全卷只有三卷。後有四庫全書收錄，其中內文分章略有差異，文章先後次序有不同。

此書中有許多令人置疑的地方：一、唐代論命是用三柱，宋代論命已有四柱共論。二、明朝以後才有『鬼谷子遺文書』之稱謂出現，而內容和『李虛中命書相同』。但其中所提之官職等分又為宋朝制度。據《史記》記載：鬼谷子為春秋戰國人氏，而司馬季主為西漢人士，年代相差久遠，如何能相見。再加之命理中五行規則、術語、神煞，大約為宋代研究命理人士，崇尚『李虛中』之理論，再託之於前人，所著之作品，這部作品是歷代有所增刪的，因此也不是出於後代某一個作家之手筆。

雖然如此，此本《李虛中命書》的內容文筆秀美，理義清楚，水準十分之高，所論之理義，已極盡命理五行之極限，水準一流，為宋代以後的命理書只有少數能與之相提並論。這本書是基本的五行理論理義組合，對於初入八字命理的新進者，或是對命理已有研究之人，皆可常以此來溫故知新，以增加命理知識之深厚。看這本書時，要注意的觀點事項和後世子平術之八字書不同，因此不能弄混了。

一、『李虛中命書』中，以『年柱』為主為本。子平八字以『日柱』為本。

二、『李虛中命書』中提出『神頭祿』名詞，是天干坐地支旺相者稱之。大凡天干坐地支屬臨官、帝旺。以『神頭祿』而註

◎『李虛中命書』詳析

釋。六十甲子中此『神頭祿』有十個：

一、『戊戌』神頭祿　六、『壬子』神頭祿。
二、『甲寅』神頭祿　七、『乙卯』神頭祿
三、『己未』神頭祿　八、『庚申』神頭祿
四、『丁巳』神頭祿　九、『辛酉』神頭祿
五、『癸亥』神頭祿　十、『丙午』神頭祿

**三、『李虛中命書』中之貴人，貴神與子平八字中的『貴人』略有不同，**『李虛中命書』的『貴人』有『天乙貴人』及『貴神』之貴兩種意義（貴神指天德、月德），並且子平八字的貴人，只有『天乙貴人』一個貴人。子平以『日』為主，以出生月令分貴人優劣，以『夏』、『冬』二季分貴人優劣。例如『庚』日生人，生於冬季者，以『丑』為貴人為吉。生於夏日者，以『未』為貴人較吉多。《李虛中命書》中之貴人以『年』為主，以十天干分優劣。例如：甲喜『未』、庚喜『丑』、己喜『子』。戊子、戊寅、戊午喜『丑』，戊辰、戊申、戊戌喜『未』。

這本書對於參照自己命格，瞭解干支旺相與納音相生，以及知悉貴人、祿馬之奔波變化，來鼓勵自己趨貴向貴，也未嘗不是一件好事？願與讀者共勉之。

# 紫微推銷術

本書為法雲居士因應工商業之需要，特將紫微命理中有關推廣商機的智慧掌握和時間吉凶上的智慧掌握以及結合人類個性上的變化，形成一種能掌握天時、地利、人和的特殊智慧。可使商機不斷，凡事可成。

目前工商企業界的人士，大多懂一些命理知識，也都瞭解時間吉凶上的把握，但是對於此種三合一的智慧中某些關鍵要點上仍然無法突破。

『紫微推銷術』就是這麼一本在什麼時間，在什麼地點，遇到什麼人，如何因應？如何使生意做成？如何展開成功的推銷商品？可使買方滿意，賣方歡喜的一種成功的致勝方法和秘訣。

# 『李虛中命書』《卷上》原文及解析

## 【原文】

甲子天官藏，是子旺母衰之金，溺於水下而韜光須假火革，有旺盛之氣，方可揚名顯用。命入貴格明暗取官。（此行下面小字者為四庫全書所加之案語）

【解析】

甲子納音海中金，金為甲之官，由十干諸星起例表（在頁）中可查出甲之天官為金，故稱甲子天官藏。因納音金氣會生子中癸水，而甲木受剋，故為子旺母衰之金。『溺於水下』是指天干甲木坐於子水之上，猶甲木的根足溺於水下，『韜光』是將才華與聲勢隱藏起來，這須假借火來更換、除去水多潮濕之氣，要有旺盛的吉祥之氣，才能揚昇名氣，得到任用顯貴。

『命入貴格，明暗取官』這八個小字，是四庫全書編纂者所加之語，以後簡稱『四庫案語』。是編纂者對前面的文字稍為加以註釋。此句之義指，如有甲子在命格八字中，而希望命格要成為貴格的話，必須明的、暗的都要取用官星才有

用。也就是命格中要用己、庚，才能有用或貴顯。（以後凡解釋『四庫案語小字』的爲『四庫案語解』，給讀者參考）

【原文】

乙丑祿官承，乃庫墓守財之金，不嫌鬼旺之方，喜見祿財之地，水土砥礪，忽然有氣，亦可以為器成材。平和貴格，不須祿到。

【解析】

乙丑納音海中金。丑中有己癸辛，己是乙是財，辛是乙之官，因在地支，故稱祿官承。丑宮爲墓庫之地，故稱乙丑爲庫墓守財之金。如果有乙丑在命格之中，不怕有官煞強的干支出現（鬼指官鬼，亦稱官煞，鬼旺之方，即指官煞強旺的一方）。乙木的正財是戊土，偏財是己土，因此喜見財祿之地。命格中最好有戊己土多。命局中經由水土相互砥礪，土會蓋水，水又能潤土，由漸進式的，命局就突然有生氣起來，也可以成大器成棟樑之材了。

**四庫案語解**：稱命格為平和能自然主貴的命格，乙之天祿為乙，祿元為火，祿神為水，不須祿到，指這些不必有，亦能有成就。

## 【原文】

丙寅祿地元，是子母相承之火，先煙後焰，抽其明而三進，喜木為助，嫌水陵遲，五行相養，雖在死方，亦可光耿。命入貴格，不用干祿。

**【解析】**

丙寅納音爐中火。地支『寅』中有甲丙戊，是甲祿、丙戊長生之地，七政四餘化曜，政餘變曜，丙屬木爲歲星，木中有丙，在寅亥之中，丙之天祿又在木丙，故稱『寅』爲丙之『祿地元』。寅中有『甲丙戊』，甲生丙、丙生戊，是母子一行相生。故稱子母相承之火。以甲木臨官在『寅』、丙火長生在『寅』，故稱先以『木煙』，丙火在焰之後。又以甲木臨官在『寅』，丙火臨官在『巳』。自寅至巳，相差三位，故曰『抽其明而三進』。明是指臨官旺位之意。此命格喜歡其他的干支上有木來相助（指喜蔭星多），不喜有水來相剋，五行上要用蔭星來相扶助，這樣，命格日、時雖在『亥、子』火衰之方，雖在無生氣之方（死方），其人亦可有光明磊落的前程。丙寅之死方，即爲官鬼重之方，亦即壬癸水相沖之方。

**四庫案語解**：命局為丙寅又為貴格時，不必用干祿，不必用丙。

## 【原文】

丁卯貴祿奇，乃本旺祿休之火，惟欲陰旺惡處盛陽，若火木相資，連於艮震之方，必能變鼎味而成享禮也。欲逢官鬼，始得貴奇。

## 【解析】

丁卯納音爐中火，三奇爲卯巳午，亦稱三台。乙寄卯，丙寄巳，丁寄午，故有乙丙丁同論。丁卯干支含乙丁，缺丙火。有三台之貴，以有祿爲奇，丁卯爲本命旺，但祿星不動之火。只能在命局中其他的陰干支太多而有一干支爲很強的陽性干支。如果用木火相助（干支中有甲乙丙丁寅亥），靠近相連的支爲丑、寅、卯（艮方爲丑寅之方，震方爲甲乙卯方），則必定能改變鼎食之味，而成感謝神、奉獻給神享用之禮的慶祝了。這表示能主官貴，能得到鼎食之用度了。

**四庫案語解**：此命格必須要有官煞壬癸水在命格之中，才能得到貴奇的人生際遇。

**※此命格中有丑是非常重要的，丑中有己辛癸，辛是丁火之財，癸為官，故連於艮震之方，是非常必要的。**

**【原文】**

戊辰神頭祿，乃華實兼榮之木，愛乎水土，忌見火金，有所養於金，乃英實之命也。相乘可貴，不畏鬼臨。

**【解析】**

戊辰納音爲大林木。『神頭祿』乃十干專位之祿爲陰陽專位。戊辰干支相連爲神頭、又帶祿爲『神頭祿』。辰中藏干戊乙癸，戊癸相合化祿，戊之祿庫在辰，故稱『神頭祿』。戊辰納音大林木，是有美麗果實又茂盛榮發之木。有戊辰在命格中的人，喜歡水土來幫忙。因水爲土之財，土爲比肩。忌論有火和金在命格中會不吉。戊土會生金，故稱有所養於金。有這樣的命格，是英挺秀實之命了。

**四庫案語解**：干與支相合的優點不斷相加起來，會更可貴，是不怕鬼一起在命格中出現的。

【原文】

己巳地奇備，乃氣勝體剛之木，生逢對旺干鬼相加，或木來比助金伐以成為棟樑之材，皆得終美。貴無鬼官，須見角音。

【解析】

己巳納音爲大林木。巳中有丙丁，加上納音木。地支三奇己具備。己巳爲氣勢旺、本體很剛強之木。此命格如果干上再有特旺的官鬼，在年月時等干支上，或是他柱干支有木來幫忙，如有甲己相合，以要有金來相剋，這樣就能成棟樑之材而有成就，可以一生都人生完美以終。

**四庫案語解：**如果沒有官鬼相剋而想主貴，則命格中須見到丙辛。

**※己巳的官鬼是指甲乙木。**

**※李虛中命術，沿襲五星，星名多七政四餘化曜。角音為星名，代表丙辛。**

**【原文】**

庚午天祿承，是含輝始育之土，氣數未備，惟喜旺方，得數已完尚嫌水重，若獨祿會命旺身絕，豈是貴地。祿鬼自處，不假官鬼。

**【解析】**

庚午納音路旁土。庚午之天祿在庚，在干上故稱天祿承。是含有光澤開始育化之土。氣數還不旺，只有旺氣對其最好，火能生土，南方是其旺方。如果得到氣數已完成趨旺，還嫌含水量多。如果命格中是年支旺（命旺）獨有祿星相會

（庚金的祿星、財星是甲乙木）。身絕是指納音身在絕處，指甲乙木會剋土，故在絕地。這豈是能主貴的呢？

**四庫案語解：**庚見甲為祿鬼（祿頭鬼），不必假借官鬼（官鬼是丁）。

※虛中法以『年』為主。年之干為祿，年之支為命，干支之納音為身，合稱三命。

## 【原文】

辛未祿自藏，乃自本立形之土，有火相助，得木相乘，水輕木重亦可以小康，若敗而乘祿多方為厚載之福。喜見干連，不畏木重。

**【解析】**

辛未納音路旁土。辛未天祿在辛，自有祿，辛未是自己從本質上要形成之土。如果有火相生，又有木來助火旺再生土，命局上成爲水少、木重的格局，亦可以有小康的生活。因爲辛的財就是木。又倘若干上沒有很多金。這才是具有厚福的命格。

**四庫案語解**：有辛未在命格中，最好有甲乙丙丁天干相連，是不怕木多的。

**【原文】**

壬申地天祿，乃自任權制之金，剛而有斷，愛土木而嫌火重，雖居財旺身衰，亦主清華之貴。真假財官，貴之為貴。

【解析】

壬申納音劍鋒金。壬祿在壬，而申中含用亦有壬，故曰壬申地天祿。壬申是自己任爲、會用權力強制別人之金，既剛毅又有決斷。有壬申在命格中時，喜愛有土及木，而不喜火太重。如果命局是火多、金衰的局面（壬之財爲丙丁火，納音爲身），也是會主命格有清秀華實的貴氣的。

**四庫案語解：**有壬申在命格中，無論是壬的財官，如丙戊，或是金的財官如丙甲，都是主貴命的。故稱真假財官。

【原文】

癸酉貴符印，乃剛銳利用之金，不嫌絕敗，惟畏鬼多，若平易而不相刑，當有自然之材器。庚辛無鬼，不假官鬼。

【解析】

癸酉納音劍鋒金。癸酉好的是在有金生水，這是一種剛硬銳利可利用做刀劍之金。它是不怕身弱衰敗的，但怕火多（火爲官鬼）。倘若命局是平和的，與其化干支也不相剋的，如此命格自會成爲有能力、有用之大器。

**四庫案語解：**命局是庚辛金重的，會用水洗金，就不假借鬼官火之力來煉金了。

【原文】

甲戌祿臨官，乃墓成息用之火，不求壯旺，欲物平資，福祿可以高厚。入格可貴，干不必官。

【解析】

甲戌納音山頭火。甲戌之祿在臨官極旺之位，是在墓庫中已近熄滅不用之火。此種命格是不希望它太旺太大，希望儘量使它平和而有用，這樣其命格之福和祿就會很多、很厚實。

**四庫案語解**：命格如果如同前述，則能入格，可主貴。其他的干支之干上不必有官煞（庚金）。

【原文】

乙亥地祿承，為氣散游魂之火，生於木火，榮方上下，不逢相制僅而成達，多助尤崇。真官相制，得貴亦崇。

**【解析】**

乙亥納音山頭火，乙祿在乙，亥中亦有木。故曰地祿承。乙亥爲氣勢已飛散，氣若游虛，彷彿游魂之火，易飄蕩不存。如果有木火相生，使干支上下皆榮旺，而沒有相剋的干支來相擾，就能成會成功顯達的命格。木火愈多相助相生的，尤其得貴顯更崇高。

**四庫案語解：**有真的官星來相制相剋，如庚辛金等，可以得到更崇高的貴顯機會。

**【原文】**

丙子天祿承，乃深沉停會之水，若會源得生，用制於東南，為出常之器。自有真官，佳期祿會。

【解析】

丙子納音澗下水。丙自帶天祿在丙，故稱天祿承。丙子是很深、很沈靜、停止不動之水。如果有其他水來匯入得源而有生機轉旺，再流向東南巽方，則為能超出常人，能成為成功有大器之人。

**四庫案語解：**丙子自有真官，真官指水。只要時間了，就會有祿出現了。

【原文】

丁丑祿自守，乃漸下欲流之水，得水土相乘，經於敗地，源脈不斷，可升而濟物，功德昭著也。丑有癸藏，不明見官。

【解析】

丁丑納音澗水下。丁丑、丁之天祿在丁，故稱祿自守，丁丑爲剛剛欲流出漸漸要滴下之水。如果有水和土來相加爲利，經過乾燥之地（經於敗地），仍能源源不斷的流過去，就可以幫助其他的物類或植物，亦指此命格的人會品質高升起來，對萬民有利。這是會做功德十分顯著的事情的人。

**四庫案語解：**丁丑之丑中有藏用癸水，是丁火之官，雖不在干支上顯露，但其實包含著官星。

【原文】

戊寅地官承，乃生體安和之土，若資之以火土俱盛金旺之榮，雖多反制，尚可高崇，為不常之用。得官不旺，貴出自然。

**【解析】**

戊寅納音城頭土。戊寅之寅中有甲木，故稱地官承。戊寅爲生旺、體安、平和之土。如果再加以更多的火土，以及更旺的金，雖然命格中多反制相剋，還是可有崇高榮貴的人生，爲能成功成器之人材，有不平凡之任用。

**四庫案語解：**此命格為得官不旺，自然得貴，戊土的官星是木，木只在寅中出現，木少、官不旺。戊貴仍在上，故曰出自然。

※雖多反制，是指命格中火金相抗衡。

**【原文】**

己卯地官承，為鬼旺體堅之土，生於金重木多，而見財重、乃富貴長遠。得官不旺，貴出自然。

**【解析】**

己卯納音城頭土。己卯之『卯』中有乙，爲己土之官，又在地支，故曰地官承。己卯爲官鬼旺（乙木旺），體質堅硬之土。如果命局中金多木也多，而且又見水多（己土之財爲水，財重爲水多），這就是既富且貴又很長久的命格。

**四庫案語解：**得官不旺，是指上述命局中，官星木被金多所剋所制，故不旺。是自然形成主貴現象的。

**【原文】**

庚辰祿暗會，乃顯光之金，而未成材，金剛土重，得期相會，無炎火之官，乃大臣之制。不假祿合祿干克期。

【解析】

庚辰納音白臘金。庚祿在庚，辰星屬水含庚，故曰『祿暗會』。庚辰爲閃著光的金，但未做成器物，只是原料而已，如果命局中再加以剛硬的金（如庚金）和多一些土（如戊土），在時間配合下，又沒有丙丁火之官煞來刑剋，這種命格，可做到皇帝旁的大臣的位置。

**四庫案語解：**不必用祿合，祿干庚自有庚祿，發的時間也在庚運。

【原文】

辛巳地官承，為資始之金，身堅而體柔，欲平火之制，若金助土成，則為光大之器。丙官在下，務貴於祿。

【解析】

辛巳納音白臘金。辛巳之巳中有丙。是辛金之官，又在地支，故曰『地官承』。辛巳是資質爲剛開始爲物料之金。原本很堅硬但體性柔弱，火一烤就軟了。如果在命局中，要平息火的刑剋，如果有其他干支上的金來助旺，以及土來生金，就能成爲美麗耀眼有用的器物。

**四庫案語解：**丙官在下，為官星丙火在巳支之中為在下。『務貴於祿』是必以辛祿為貴。

【原文】

壬午天官合，乃化薪之木，畏在火強，得水資之，或處身旺而逢土，亦可富貴。若獨見金制在死敗之鄉，非長久之命。丁壬德合，寄任旺官。

【解析】

壬午納音楊柳木。壬午之午中有丁，丁與天干壬相合。故稱『天官合』壬午納音爲木，午爲火，木火相生，故爲『化薪之木』。此命格只怕火太強，有水來滋潤，或處於納音身旺木旺之地，又有土，就可以得富貴了。如果只有看見金來刑剋，又在木衰之地，就會命不長。

**四庫案語解：**此命格乃丁壬相合，寄託於生旺官星土之大用。

【原文】

癸未祿自備。為伐根之木，氣敗而體柔，不嫌金制，喜水之榮，及會元而借生主，乃重器成德之材。癸在巳中，喜逢甲乙。

**【解析】**

癸未納音楊柳木。癸未地支『未』爲乙木墓庫，『癸』又是火之餘氣，爲未之『官』，故曰『祿自備』。癸未納音木，能剋『未』土，故曰爲『伐根之木』。是氣衰敗而本體柔弱的，故能不怕金來相剋。有水來生扶、滋榮，會漸漸有生氣，可成爲成德有大器之材。

**四庫案語解：**厚土之中的癸水，喜有甲乙木而寄生。

**【原文】**

甲申地祿生，乃源泉之水，務有資助流長而無鬼，則為運廣之淵，可享高厚之福。祿始生要干生旺而無官。

【解析】

甲申納音井泉水。地支申中有庚金，爲甲天干之官祿，故稱『地祿生』。又因水長生在『申』。也是『地祿生』。這是一種有源頭湧出之泉水，要源泉不斷，一定要有助力，要無鬼官相剋，要無『土』（鬼官）塞住源頭，如此可爲廣大深淵之水，就能福澤深厚，可享高厚之福氣了。

**四庫案語解：**祿剛開始生出，要干旺，而不能有官煞相剋。

【原文】

乙酉貴還命，乃母旺進趨之水，若資以金，濟用以火，自乾東而震北，亦超卓輔弼之用。干之無官，會合而貴。

◎『李虛中命書』詳析

**【解析】**

乙酉納音井泉水。乙酉中之『酉』爲旺金之地，旺金會生水，水又還原生乙木天干，故稱『貴還命』。酉金是母旺再生納音水，故稱『母旺進趨之水』，如果用金，再用火，自『乾東而震北』，是指北至東之地。這兩地爲木、火、金旺之地，會有高超卓然有成的輔弼之大用之材。

**四庫案語解：**天干上若無官煞，則以會合而生貴。

**【原文】**

丙戌祿德合，乃祿資支附堅固，火鍾之土，若資之以木，光耀不群，蓋本重不須旺也。自有卒符，不畏偏貴。

【解析】

丙戌納音屋上土。地支『戌』中有戊土，也是『火』之庫，因此稱丙戌干支祿德合，上下皆合。干支與納音都爲火土相生的狀況，故爲『祿資支附堅固』的結構之火所鍾愛之土。如果再加以木，更增火旺，則會火光閃耀，出類拔萃，能光耀門楣。這是命格本體已厚重，不必再須要火旺來助了。

**四庫案語解：**此命格自己自有符祿，是不怕偏貴壬官的。

【原文】

丁亥地貴符，乃福壯臨官之土，若潤之以水，麗澤以金，處魁罡坤艮之方，可以顯功遂名。貴守官藏，真鬼德旺。

**【解析】**

丁亥納音屋上土。此納音土剋地支『亥』爲官煞，『亥』水又制天干『丁』爲官符，丁亥納音土，是臨官旺壯之土。如果以水滋潤，以金使其美麗閃爍，又在『辰、戌、寅、申』之地，就可以貴顯出大名或入官仕。

**※辰是天罡，戌是地魁，『坤艮』指寅申之地，此『四地、四方』指西北、東南、東北、西南四個方位。**

**四庫案語解：**此命格是地支藏官貴，是官星發展奏效得利。

**【原文】**

戊子天祿合，乃神龍之火，利於震巽，不畏水刑，支干得官皆可顯用，水木盛則尤佳。自有癸財，不必會祿。

【解析】

戊子納音霹靂火。地支『子』中有癸，干支戊癸相合可化火，故稱『天祿合』。戊子是三合有『辰』的火，故稱神龍之火。震巽爲東南木火方，對戊子有利。地支爲『子』，容易和申辰會水局，或和亥、丑形成北方帶水之方，就不能干支戊癸相合化火了。因此，其他的干支有官星甲木多，有水則不怕了，就能水木相生，木再生火。其人就會得到貴顯之大器。

**四庫案語解：**戊子干支中自有癸水財星，因此不必再會祿星，就能成大器了。

◎『李虛中命書』詳析

【原文】

己丑神頭祿，乃餘光不凡之火，惟期體重不假奇財，若祿有資而命有成，方入康榮之貴局。貴財相會，無祿亦榮。

【解析】

己丑納音霹靂火。『神頭』爲干支相連之意。天干己是土，地支丑也是土，由納音火生干支土。丑中有己辛癸，己土通根座下，故稱『神頭祿』，己丑爲有餘光，表現不凡之火。此火焰不旺，干支及納音都相生，可稱『體重』，不必有奇特財星，其他干支有祿或有相助相生的干支，就命格爲有成器的格局了，就可算是小康興榮的主貴格局了。

**四庫案語解：**命局中己貴在丑，貴星和財星都相會，就算沒有天祿，亦會有榮盛的命格。

**【原文】**

庚寅地奇備，不避刑沖，寧辭衰敗，乃五行堅實之木，若得合柔之氣，德貴相符，必作顯揚大用。祿位生旺，得官鬼成。

**【解析】**

庚寅納音松柏木。木之臨官在『寅』。寅中又有甲丙戊，故曰『地奇備』。因地支寅爲木之臨官旺位，故爲堅實之木。不怕受刑剋沖擊，但不喜遇衰敗之地，故稱『寧辭衰敗』。如果其他干支無衰敗之氣，而有相合之氣，再加上有貴人（天乙貴人），則一定能成大器顯大用。

**四庫案語解：**庚寅是祿位生旺的干支，有官鬼金火皆吉。

◎『李虛中命書』詳析

【原文】

辛卯貴衝命，自旺經制之木，不畏霜雪，氣節凌雲，可制之以金，損之以火，而逢旺相即成巨室之材。若平易而無金，火生于曲直之會，亦為貴重矣。祿命相擊，不畏官耗。

【解析】

辛卯納音松柏木。木之帝旺在『卯』，尤爲極旺之木。辛卯干支相沖，故稱『貴沖命』。辛卯是極旺之木，經得起受刑剋，不怕『金』來相刑，也不怕金水局來剋制。如果有火，則旺木生火，可成做巨大房室的棟材。如果其他干支很平順中和而無金來相剋，或形成支上有『亥、未』成三合木局，支成全木局爲『曲直格』，也會成爲貴命。

**四庫案語解：**命格中有干支祿命相沖擊時，是不怕官星相刑的（虛中命法，干為祿，支為命，納音為身）故祿命相擊為干支相沖。

## 【原文】

**壬辰祿清潔，乃會貴守成之水，五行不雜，在兌坎之間無物來制，文明清異之資，可享高厚之福。**喜干寅亥，見戌亦清。

## 【解析】

壬辰納音長流水。水旺於『子』，『子』與『辰』三合相會。故稱『祿清潔』，壬辰爲能守成，會貴之水。是只有水，不雜其他的五行，不雜木、火、金等，『兌、坎』爲金水。其他干支也都是金水，只要無其他的刑剋，即可成爲具有文明、資質清麗突出常人，可享受厚福的命格。

**四庫案語解：**命格中喜有『寅亥』，有水木清華之資。如果有『戌』在支上，亦會是清秀命格，有土來制水，秀文才揚名。

# 【原文】

癸巳地帶合，乃流遠澄清之水，若溢之以水在火木榮方，方中無土，則有濟物惠施之德也。真氣得用，官氣尤清。

# 【解析】

癸巳納音長流水。水長生之地爲『申』，而地支『巳』與『申』合，故稱『地帶合』。癸巳是非常清澈、淵遠流長之水。如果命局中水多，又木火旺，則佳，即爲『水火既濟』之象。如果有土來剋水，則無用。因此無土就能成爲有濟施天下之厚德之人了。

**四庫案語解：**真氣指水氣為用神，土是官，要清才行（不能有官）。

## 【原文】

甲午天符祿，乃沙汰之金，志大而有節操，或遇火盡之而嚴，而旺金集之而剛，不遇丁壬，始可陶鎔之寶。祿神敗而食子、欲妻剛而子旺。

## 【解析】

甲午納音砂中金。天干『甲』貴在『未』，地支『午』與『未』爲六合。故稱爲『天符祿』。甲午爲含沙量大之金，志氣大而有節操。必須用火煅煉，才能聚金之剛氣，其他干支不可遇有丁壬，才能鎔金，把金鍛煉成寶貴之器。

**四庫案語解**：此命格是祿神衰敗而用火，火是食傷為子，『欲妻剛』指欲金剛硬，但子旺，子指火，有無可奈何之象。



# 李虛中命書詳析

**【原文】**

**乙未祿印綬，乃強悍剛礦之金，欲金相用在火盛處，父子相乘，皆為珍寶。**德神當位，喜見印官。

**【解析】**

乙未納音砂中金，乙未地支『未』中有己土，是乙木之財祿。納音金，土又能生金。故稱『祿印綬』。土是印綬。乙未是礦砂類的強悍之金，金要有用，必須用旺盛之火煆煉。『父子相乘』是指木、火、土、金，一路相生下來，這樣就可做成珍寶之物了。

**四庫案語解：**命格中有火德之神當位，土與木皆吉。

**【原文】**

丙申地官承，乃無資之火，金木壯旺而有制，得干生即為厚實，若祿盛而無依，即灰飛而不焰矣。官在生方，不須癸壬。

**【解析】**

丙申納音山下火。水長生在申，水是天干丙之官，故稱『地官承』丙火坐於申上，火勢減弱，故稱『無資之火』，是沒有得到生助之火。如果其他干支有『金』，爲丙火之財，有『木』爲丙火印星。丙火得到財印等干來相生生旺，命格就會變得厚實。如果只有火旺而無金，則火燒完了，就灰飛煙滅無焰，一生無成果了。

**四庫案語解：**此命格中有官星壬水又在旺方，故不須再有癸、壬等水。

**【原文】**

**丁酉貴自承。乃平易無為之火，得木旺則大炎，見木多則成用，得火助則不清，在火位則常存，人生得此，無不貴豪。**丁連丙貴，見合不清。

**【解析】**

丁酉納音山下火。『丁』之玉堂貴人在『酉』（陰貴），故稱『貴自承』。丁酉爲性溫和平易無所作爲之火。如果其他干支有木多，則會有大火炎燒、很熱。如果其他干支有木多狀況，則會得氣成材有用。如果直接有火（丙火）助旺，比劫多則氣勢不清，此命局喜旺木生火。若是在『巳、午、未』、火地支局，或地支爲『寅、午、戌』成火局。支成火局，干上無丙相雜，人生得此命，一定能爲貴豪之命。

**四庫案語解：**命局中，干上丁貴連丙貴，丁貴陽貴天乙貴人在『亥』，陰貴玉貴養人在『酉』，丙貴陽貴在『酉』，陰貴在『亥』。丙丁互換貴人，見合不清。

## 【原文】

戊戌神頭祿，乃不材之木，喜逢水旺乃可資榮，豈厭生成，伐宜金敗，真運自然，不嫌祿鬼，方可高崇。明合暗官，成于旺方。

【解析】

戊戌納音平地木。以『戊』干坐『戌』地支，干支爲土，又都爲納音木之『財』(土爲木之財)，故稱『神頭祿』。戊戌爲平易沒有用之木。須有旺水來生扶，才能有生旺之氣。如果其他干支上有弱金相刑剋，則官鬼弱，運氣就會好，也就不嫌祿鬼來剋，可以命格崇高一些，變爲有用。命格只可遇『甲午』弱金，不可遇強金來剋。有強金，則爲無用之材。

**四庫案語解：**此命格中，納音為木，干支為土，木為土之官，故稱『明合暗官』，必須成於水旺之方，才能成大器。

【原文】

己亥地官承，乃冀水育苗之木，水多土而臨旺，皆有成就，然逢敗絕為殃，亦主富貴榮盛。干支財祿，畏彼官鬼。

**【解析】**

己亥納音平地木。木長生在『亥』，亥中又有『壬甲』，是『己』之財官，故稱爲『糞水育苗之木』。此命格喜其他干支水多，土厚實，則水多印旺、土多官旺，都會有成就。但是官和印不旺，至衰絕爲不吉。如果平平，不太旺，普通程度的狀況，也可以主略有富貴。

**四庫案語解**：命局中干支上有財祿時，會怕官鬼來刑剋。

**【原文】**

庚子天日承，乃氣過浮虛之土，得重土相資，水木不剛，即享福壽。官鬼不刑，衰絕自保。

**【解析】**

庚子納音壁上土。天干『庚』會生『子』水。故稱『天曰承』。又因納音土要生天干『庚』，又再須剋地支『子』水，太過消耗，氣若游絲，故稱『氣遇虛浮之土』。如果其他干支有很多土來相助旺（印旺），水木不能旺，則會能有福有壽，最怕是有旺木來刑剋，就不吉了。

**四庫案語解：**此命格須無木之官鬼來刑剋，自己仍能衰弱的得福。

**【原文】**

辛丑祿承庫，乃氣衰就本之土，欲承之以火，制之以木，或重遇木土有刑沖，須假祿元生旺，造化應斯功名可立。官鬼不加，祿剛則貴。

**【解析】**

辛丑納音壁上土。地支『丑』亦為土，丑亦為天干『辛』之『金』庫。故稱『祿庫承』。納音土及地支丑土，皆須生天干辛金，以辛金為木，故稱『氣衰就本之土』。最好有火來生土，或有木來刑制辛。如果有『木和土』與『丑』有刑剋、沖剋，則須旺金比助（指祿元生旺）才能用刑。丑之沖為未，丑未相沖，丑見『戌』為刑，如果旺金（指酉在），就能制木，再合戌，酉戌相合，亦可三合會丑（丑巳酉三合），此能解除刑、沖之力，而能有功名造化。

**四庫案語解：**命格中，官鬼木旺，則有酉金就祿貴了。

◎『李虛中命書』詳析

**【原文】**

壬寅地會義，乃藏用體柔之金，喜土資之以旺，財官不可太剛，若能應此，富貴始得久遠。艮土包命，祿須貴旺。

**【解析】**

壬寅納音金箔金，納音『金』生天干『壬』水，而壬水生地支『寅』木，所有的相生之旺氣皆聚會於地支『寅』之中，故稱『地會義』。壬寅最強，最有用之精華，皆藏於地支『寅』中，因此稱其爲體質柔和，但藏用之『金』。最好有土來增旺生金。土火財官不可刑剋太強硬，財是我剋，官是剋我，皆不可太旺。如能有此命格，才能有長久富貴。

**四庫案語解：**此命格由『寅』木支持整個命格，財祿官煞都須在旺位才好。

【原文】

癸卯貴會源，乃財旺體弱之金，財命相乘，喜身在生旺之方，或得真官真氣，無不配合，貴源莫不易而厚祿也。貴源多會，不在多逢。

【解析】

癸卯納音金箔金。納音金能生天干『癸』水，故稱『貴會源』，以有源頭爲貴之義。癸卯，『木』之帝旺在『卯』，納音金又剋『木』爲財，故稱其爲『財旺體弱之金』。若命局中木多、金多，形成財命相乘。則喜命局爲納音金的生旺之方（指金水之地）。如果有『官』在命格中不遇刑、沖（此稱真官真氣）。或其他干支能形成金水之局的如己丑會局，或申子辰會水局之類（爲真氣），表示有貴源，沒有不輕易而有財富的。

**四庫案語解：**金水之局為貴源助旺最重要，不在於財官多逢。

**【原文】**

**甲辰祿馬承，乃始壯之火，欲多生我，或會本源卻無炎光之極，自然超卓，水輕而無土，亦可騰達矣。**甲丙生寅，明我生氣。

**【解析】**

甲辰納音覆燈火。甲辰納音爲火。『火』長生在『寅』。天干甲木臨官也在『寅』。地支辰『辰』之驛馬在『寅』。因此稱其爲『祿馬承』。甲辰是會合了長生『寅』之火，故稱『始壯之火』。此命局其他干支要以木多生火，或有會火局都不能太旺，不喜有『午』之帝旺之火，因此已極旺之火。如果沒有午火，就能自然主貴，最好水土也少見，此命格就能發達主貴了。

**四庫案語解：**此命格的重點是以甲丙來生旺寅，木火是真氣能助旺本命。

**【原文】**

乙巳地官承，乃進功之火，欲輔助之不息，不必旺極，得木火相乘，雖死敗而可貴。或同音煞丙亦可貴。

**【解析】**

乙巳納音覆燈火。納音爲『火』，火臨官在『巳』。又巳中有庚金，是乙木之『官』，故稱『地官承』。天干乙木亦會生火，故稱『進功之火』，是指能貢獻生旺納音的火。此命格要其他干支要用木來不停的輔助，不須有『午』之旺極之火。有木火相加的功力，即使其他干支有金水，仍會主貴（金水爲火之死敗之地）。

**四庫案語解：**或是有相同納音金水來剋丙的命格，都可主貴。

**【原文】**

丙午神頭祿，乃至陰之水，發于陽明蒸氣氤氳，何所不及，處金木旺而沖刑祿，得炎而財盛，始可貴矣。身同官鬼，不避掩沖。

**【解析】**

丙午納音天河水。天干丙火之帝旺在午。干支相連稱『神頭』。故稱『神頭祿』。丙午是『水火既濟』之象，納音爲至陰至柔之水，極陰極柔，丙午是極旺之火，以陽極生陰，陰極還陽。以極陽之地開始變陰，再陰變陽，故有蒸氣迷茫氤氳。如果其他干支有較多的金木，此爲火之『官、印』，會刑剋祿，但火多財旺，雖有刑沖，仍可算主貴。

**四庫案語解**：納音水是丙午的官鬼，只要火旺就不怕刑沖。

**【原文】**

丁未祿文承，乃祿旺育生之水，宜于水火之中，得五行死敗之氣，祿干自旺，財貴會于乾方，乃富貴顯揚之用，惟嫌土在旺鄉，即非長久。喜遇丙丁，畏官當用。

◎『李虛中命書』詳析

**【解析】**

丁未納音天河水。天干『丁』祿在『午』，『午』又與地支『未』相合，丁火又爲『文火』，柔火之意。故稱『祿文承』。丁未天干與地支皆爲火，納音火見之爲財，故稱『祿旺育生之水』。是帶有旺祿，但剛開始生成之水。如果命格中其他干支水火都有，以納音水而言，水極弱，故是五行中死敗之氣。如果其他干支上有戌亥（乾方），財貴在金水交會之地，就會有富貴成功之命運，最怕其他干支上有旺土，土會剋水（納音爲水），就富貴不長久了。

**四庫案語解：**有丙丁助旺較佳，怕土官來剋水，要小心！

**【原文】**

戊申地符會，乃柔順初生之土，喜臨四季，得木為榮，獨居水火榮方，未得尊高之著。真官符用，不畏鬼臨。

**【解析】**

戊申納音大驛土。天干戊土與納音土，一起生地支『申』金。故稱『地符會』。戊申是柔順剛剛生成之土。喜歡其他干支上多『辰、戌、丑、未』，此爲『四季土』。有木在干支上是官殺，爲『榮見』，爲吉。如果干支上有『水』，『水』是財，或有『火』，『火』是『印』，有木、火旺，皆不會有尊高之命，有『木』官殺最佳。

**四庫案語解**：木為真官得用，是不怕刑剋，以刑剋為吉。

【原文】

己酉地貴承，乃子旺母衰之土，喜火土之榮，慶從革之地，或水輕木柔，亦是滋生之德，倘能應此，軒冕非難。不必正應，要臨辛丙。

【解析】

己酉納音大驛土。納音土與天干己土一起生地支『酉』金，故稱『地貴承』。這是子旺（酉金旺）土衰（母衰）之土。因土之旺氣皆集於酉金。喜其他干支上有火來生助，或有土來幫扶。從革，指『金』。在金多金重的命局，或是水少木少，仍是能以火生土、土生金，相繼滋生而金生旺。有這樣的命格，高官厚祿不是難事。

**四庫案語解：**命局中只要有辛丙在干上，不必正應會局。

【原文】

庚戌祿符元，乃鈍弱成用之金，火輕金重，魁罡相乘，可以休逸，福祿自然，忌木火之極，則命迍蹇。旺逢妻鬼，遇鬼反榮。

【解析】

庚戌納音釵釧金。因天干及地支都是『金』。故稱『祿符元』。是指地支的金與天支金相合之意。庚戌以『戌』是金之餘氣，故爲弱金。故稱之爲『鈍弱成用之金』，可做釵釧手飾之物爲用。此弱金怕火重煅煉太過而毀掉，只能火輕金重而能製成用品。庚戌爲『魁罡』。命格有此，可享自然安逸清閒之福。此命格忌木旺來剋金，就會命運阻塞不佳了。

**四庫案語解：**命格金要乘旺之時，遇木火財官，遇火輕相剋，反能做成有用之器。

◎【原文】

辛亥地祿印，乃木旺祿休之金，得平火之革，然後制於克伐，或沖擊於金水之中，得以平安守職，富貴優游。喜于金助，不畏丁鬼。

【解析】

辛亥納音釵釧金。納音爲金，天干也爲金，皆生地支『亥』之旺水。金爲水之印星，故稱『地祿印』。亥中有壬申，亥是『木』長生之位。『祿休』爲火見金，爲祿居弱地。故稱『木旺祿休之金』。此金須火來資助做成物品，但火不能旺，須平火（溫火）鍛煉，然後能將之鍛煉相剋制而做成物品，火和金在一種平衡狀態，可有『印、比』來刑沖。此即金水之沖擊。不可遇『財官』來刑沖，如此能得平安職守，以及能優游輕鬆的過日子。

**四庫案語解：**此命格有金助，就不怕用火為官。

**【原文】**

**壬子神頭祿，乃體柔用剛之木，居旺相而得金，遇貴地而無火，則可以揚名當世。**祿旺須官，陰盛畏鬼。

**【解析】**

壬子納音桑柘木。壬子干支相連，天干壬水帝旺在地支『子』上，故稱『神頭祿』。天干壬及地支子，皆可生扶納音『木』。故稱體柔用剛之木，木居旺位，不怕官煞『金』之來剋。只要沒有『火』來刑剋『金』，成爲金之官星，則能在世界揚名。

**四庫案語解：**此命格財祿旺須用官煞滅滅之，命體中陰木多，則怕鬼官來剋。



## 【原文】

癸丑祿得源，乃剛柔相濟之木，水土承於旺方，則生育利物，金制於生成，皆可以立功立事，惟恐生旺逢火。祿居北地，畏鬼掩沖。

## 【解析】

癸丑納音桑柘木。癸爲水，丑中有癸水，丑亦爲金之庫，金能生癸水，亦爲下支生上干，爲下生上，故稱：『祿得源』。癸丑是一種剛柔相互中和的木，不強也不弱。干支癸、丑之中皆爲水，水在旺地，地支『丑』土也在得位，故稱『水土承於旺方』。有水則能生養物類。用金來制，納音木爲『官』，都可以成功做成事，只有怕丙制『金』，金是木之官，有火旺則不吉。

**四庫案語解：**此命格貴在北方。祿在北方，怕鬼來刑沖，則不吉。

## 【原文】

**甲寅神頭祿，乃淵深處靜之水，若資之木旺土衰，則為奇特貴異。**庚辛不畏，清在丁壬。

◎『李虛中命書』《卷上》原文及解析

【解析】

甲寅納音大溪水。甲寅干支相連皆有甲。而且天干『甲祿』在『寅』故稱『神頭祿』。這是一種處在安靜深淵之中不動的一種水。如果其他干支有旺木，不要有土來剋水，納音水會生干支木，這種水木相生的格局，就會成有奇特主貴的格局。

**四庫案語解：**此命格中因木旺，故不畏庚辛官星，其氣勢清美在於丁壬木旺。

【原文】

乙卯神頭祿，乃死中受氣之水，雖敗無妨，或會源於音地，木有不達之者，此二水皆喜土而清，若水多而無土，則為伏寒之氣。癸馬為官，勝於戊己。

**【解析】**

乙卯納音大溪水。乙卯干支相連為神頭，乙木通根座下，乙祿在卯，故稱『神頭祿』。乙卯納音水，水死於『卯』。故稱『死中受氣之水』。水死於卯，而『木』旺於卯，故稱『受氣』，此種水雖衰弱但仍可用。『音地』指納音之地，乙卯『音地』為水之地，或『水』三合局之地，如申子辰，或三會『亥子丑』之地。如果其他干支有源頭或是成水之合局或會局，支上不能成木局，因此支上不能有亥。只能有子丑，此二水（指納音水和三合及子丑三會水，都喜歡『土而清』。『土清』指一般時候土會使水混黃亂不清。但只要有土的一柱干支不與水的干支相隣形成『合』局之勢，即是『土清』，亦稱『官清』。土是水之官，假若沒有『土』，則又為水氣太寒、太重而不佳了。

**四庫案語解**：此命格用癸馬為官（子午相剋），勝於用戊己土對命格更好。

**【原文】**

丙辰祿自裕，乃發施養生之土，喜于火助，不畏掩沖，夫如是者，自然榮貴。水在庫中，無官自裕。

**【解析】**

丙辰納音砂中土。天干『丙火』會生地支『辰土』。天干丙火自有干祿，故稱『祿自裕』。丙辰是可發施功力來生養萬物的土。如果其他干支上再有火助生土，土是不怕沖剋刑剋及被掩蓋，如果有這樣的命格，自然會興榮主貴命了。

**四庫案語解：**辰為水之墓庫，辰中有癸水，故稱水在庫中，丙辰的官星是水。此命格無水來刑剋，有火則吉，能自裕。

**【原文】**

**丁巳神頭祿，是絕中受氣之土，喜逢土助，不畏死敗，惟能朝命建元，可以文章妙選。**上下火乘，鬼無害也。

**【解析】**

丁巳納音砂中土。天干『丁』火旺於地支『巳』。干支相連，故稱『神頭祿』，丁巳是水絕、土絕、火旺之土，故稱『絕中受氣之土』。『水』絕於『巳』，『土』絕於『巳』。『丁』旺於『巳』。是土絕、水絕，受火之旺氣之土。如果其他干支有土來生助，就不怕原本命格中是土絕衰敗的。只要能『朝命建元』，全部其他的干支都傾向於丁火，則火旺就能生土。其人就能以文章蓋世主文才絕佳了。

**四庫案語解：**此命格須天干地支都要有火，鬼官水就無法刑剋它了。

**【原文】**

**戊午天祿備，乃神發離明之火，旺中受絕，喜木助於衰方，忌火乘於巳，旺生之應，此必作魁矣。**真假居壯，水盛不傷。

**【解析】**

戊午納音天上火。地支『午』是火之旺地，戊祿在戊，故稱『天祿備』。戊午是神前明亮燈火。是旺之又旺而物極必反。稱之『旺中受絕』。變成虛火之焰的火光。喜歡其他干支有木來生助，但忌諱在『巳、午』之極旺之地支上。如果能有生旺命格的，此人必做首等成功之人了。

**四庫案語解：**此命格中『真假居旺』是指納音火是居旺轉衰，而地支午也是火極旺之地，兩者皆壯旺。如果其他干支之地支上有多個水，也是刑剋不到它的。

**【原文】**

己未神頭祿，乃成功之火，得季夏之炎陽，守小吉之貴地，生自東北之南，有所資附，則能享福厚矣。甲己扶持，不須更旺。

**【解析】**

己未納音天上火。己未干支相連，天干己土相連於地支，未中亦有己土，故稱『神頭祿』。己未納音火，干支皆土，有成功之兆，故稱爲『成功之火』。如果命格中有火，喜行東南之地，有木來生火，則此命格就能享福了。『未』爲四季月，又爲『火』之餘氣，火主夏天，故稱『季夏』。『得季夏之炎陽』，爲其他干支要有火。『守小吉之貴地』，『未』爲小吉，丑爲大吉，指有火來生土，保護未土。『東北之南』即東南方。此爲木火旺之地，依附火生土，就能享福。

**四庫案語解：**此命格有甲（木）、己（土）來相扶持，甲會生火，火再生土，而且甲乙相合也會化土，不須要火更旺，即能有福成功。

**【原文】**

庚申神頭祿，乃未堅柔末之木，春相夏旺，金重而得火，土重而得水，則為出常之器。不畏陽官，要官鬼旺。

**【解析】**

庚申納音石榴木。庚申干支相連，申中有庚祿，故稱『神頭祿』，庚申是還不太堅固、有柔軟枝梢之木，天干庚與地支『申』皆爲旺金，干支金剋納音木，其他干支在春秋夏旺金多時，會嫌庚金在臨官之位太重，要用火來煆制金，剋掉一些金。如果命格中有土重狀況時，土又會多生金，故要用水來生扶納音之木，來剋掉土，才能平衡，如此才能成爲有用之器的人。

**四庫案語解：**此命格是不怕金之甲木陽官，更要官鬼火旺來制金，才為有用之人。

◎『李虛中命書』詳析

【原文】

辛酉神頭祿，乃包秀結英之木，喜於生旺，忌見金多，得土水相乘為物之貴，二者各旺而不得水，亦為奇特之材。不嫌官鬼，厭甲為財。

【解析】

辛酉納音石榴木，天干『辛』祿在地支『酉』，干支又相連，故稱『神頭祿』。辛酉是秀氣英挺之木，喜在木之旺地，害怕其他干支上又有金多的狀況。辛金爲陰金，與木相剋力量不強。如果其他干支有土和水來相加持，土會生金，水會生木，都非常重要，能使命身皆旺。如果金木皆旺而沒有水，亦爲奇特有用之命格。

**四庫案語解：**此命格不怕官鬼火，但不喜甲木財星在命格中，因辛酉是陰金弱金之故。

## 【原文】

壬戌祿官順，乃杳冥之水，喜於死敗，要土之擊發，則能博施之功及物也。正氣自守，持祿亦榮。

## 【解析】

壬戌納音大海水。地支『戌』中有戊土，會制天干壬水，土爲壬水之『官』。『戌』也是金之餘氣，能生納音水，故稱『祿官順』。壬戌是廣大一望無際、杳冥遙遠無邊際之水，這種水只喜歡沈靜衰絕不動（沈寂於敗地），要土來築堤防圍制這種廣大的水，才能將水變成有用於人或物的功用。

**四庫案語解**：戌為河魁，魁罡之命皆重正氣。壬祿為火，水之財為火，有火亦能榮貴。

**【原文】**

**癸亥神頭祿，乃始進成終之水，喜逢貴地，忌在祿鄉，三元相反，福慶自然，蓋其為用也。大而廣，故不可以守常為尚，須升而為雨霧，散而為江河，乃為大用也。**

**【解析】**

癸亥納音大海水。天干『癸』爲水，地支『亥』爲水旺之位，癸坐亥上，干支相連，爲『神頭祿』。癸祿在亥，故癸亥是開始由雨霧變成水的，有物理作用之水。癸亥水勢會很旺，喜有土來制用，此爲『喜逢貴地』。旺水須要五行相反之土爲用，旺水能用官，稱之『三元相反』。癸祿在亥，又忌在祿鄉，故不適宜再多水了．用土制水能止水流，其人自有福慶。這是制水的大用。癸亥是大而廣闊的水，故不可以守常態來看，必須將此水昇華變成雨霧到天上，再散下來到江河之中，這就是癸亥這種還原之水的大用了。比喻人有此命格，其實格局很大，用土來制水，自然有大器成就。

## 【原文】

此六十位五行支干相乘，要分輕重，若金溺水下，火出水上，木不得金之所制，木無成也，如甲子乙亥是也。金溺水下，火出水上，金不得火之所制，金無成也，如辛亥之金是也。夫如是而推伏現之情，則造化之機自理。鬼谷子以此十二音五行，分輕重之用以推通變之妙者，尚恐人執守方隅，故言稱顯隱可測造化之說也。

【解析】

此六十干支，天干與地支，與納音之五行各有所屬，不盡相同，所屬的金、木、水、火、土，各有輕重之分。如果天干是水，地支是金（金溺水下），又如果天干是火，地支是水（火出水上），又如果木不被金所剋制，木就不能被做成器具，木就無用、不成功了。木要成材，一定要金伐，否則也是無用之木。例如甲子、乙亥之木。干支是金水（金溺水下），干支是火水（火出水上），金沒有火來煆煉，金也會成爲無用之物，如辛亥這種金就是無火之金。因此，五行有時怕無剋，有時亦怕反剋，要以當時命局全局狀況來看，則命格造化中的機理要自己分辨清楚。

**四庫案語解：**鬼谷子以此十二地支之五行，分輕重材器之用來推算命格之變化，但又怕人固執不化、劃地為限，故稱說有天地所成之造化，因此有些可測有些不可測。

## 【原文】

本家貴人命者，如甲人有戊有庚有丑有未是也。大貴如甲人得丁丑辛未，又其次也。蓋甲年丑上遁得丁，未上遁得辛也。更有一種貴人，亦為福甚重得者必貴，甲戊庚得乙丑、癸未。乙得庚子。戊申、己得丙子、甲申。丙丁得丁酉、乙亥。壬癸得乙卯，癸巳、六辛得丙寅、戊午是也。甲陽木，戊陽土，庚陽金，皆喜土位，而未者土之正位，丑者土之安靜之地，故以牛羊為貴，然細分之則甲尤喜未，庚尤喜丑，各歸其庫也。戊子戊寅戊午喜丑，丑者火人胎養之鄉，戊辰戊申戊戌喜未，未者木人之庫，土人生旺之地也。乙者陰木，己者陰土也，陰土喜生旺，陰木喜陽水，所以鼠猴為貴。然乙尤喜申，申者木之絕鄉也。己尤喜子，子者坤之正位也。丙丁屬火，火墓在戌，壬癸屬水，墓在辰，辰戌為魁罡之地，貴人所不臨，故尋寄火貴於酉亥，寄水貴於卯巳，皆歸靜復之鄉，六辛陰金喜陽火生旺之地，故以馬虎為貴，雖然宜以納音互換推尋，須皆和則其貴為福，若丙寅火得酉則火至此焉足為貴哉。廣祿。

## 【解析】

※『**本家貴人命者**』，本家爲『一家』之意。『甲』之陽貴人爲『丑』，陰貴人爲『未』。『戊』貴人也是在『丑、未』，『庚』貴人也在『丑、未』。陽貴人爲『天乙貴人』。陰貴人爲『玉堂貴人』。

※如果貴人全聚在天干之上。故稱『本家貴人』。如果天干『甲、戊、庚』全，而地支又帶『丑、未』，即是『本家貴人命』。

※**其次的『大貴人』例如天干有甲**，但其他干支的爲丁丑、辛未。因爲丁丑、辛未的天干是『丁、辛』，不是『戊、庚』、『丁、辛』之貴人，不在『丑、未』。故此爲其次的『貴人』。

※**還有一種貴人，亦為福很重**，得此貴人者，必主貴。

例如：『甲、戊、庚』得『乙丑、癸未』。

乙得『庚子、戊申』。

己得『丙子、甲申』。

丙丁得『丁酉、乙亥』。

壬癸得『乙卯、癸巳』。

『六辛』得『丙寅、戊午』。

甲爲『陽木』。戊爲『陽土』，庚爲『陽金』。這三種都喜歡土位。而『未』是土之正位，爲小吉。『丑』是土安靜之地。爲大吉。故以丑、未（牛、羊）爲貴。然而細分之下，則甲之木的墓庫在『未』，故甲尤喜『未』。庚之金的墓庫在『丑』，故庚尤喜『丑』。是各歸其庫之義。

『戊子、戊寅、戊午』喜丑，『丑』是火的胎養之方。『戊辰、戊申、戊戌』喜未，『未』是木之墓庫土之生旺之地。

『乙』是陰木，『己』是陰土。陰土喜歡生旺，陰木喜歡陽水。因此，以鼠猴（子、申）爲貴。然而『乙』特別喜歡『申』，『申』是木之絕地。『己』特別喜歡『子』。『子』是『坤』之正位。

丙、丁五行爲火，火墓庫在『戌』，壬癸五行屬水，水墓庫在『辰』。辰、戌爲魁罡之地，（辰爲天罡大煞，戌爲河魁），是貴人不到之處。故會另寄火貴在『酉、亥』。寄水貴在『卯、巳』皆回歸安靜墓庫之鄉。六辛陰金（指辛丑、辛卯、辛巳、辛未、辛酉、辛亥爲六辛陰金），他們是喜歡陽火（丙火）生旺之地的（丙辛相合），故以馬虎（午、寅）爲貴。雖然這是以納音相互推算出來的，須全都皆和，才能得貴爲福。例如『丙寅』納音火，得酉爲貴，則火至此會熄滅，豈能爲貴呢？

**四庫案語解：**此為多廣之祿之故。

◎『李虛中命書』詳析

## 附貴人之解說：

### 天乙貴人起例

| 天干 | 天乙貴人 | |
|---|---|---|
| 甲 | 丑 | 未 |
| 乙 | 子 | 申 |
| 丙 | 亥 | 酉 |
| 丁 | 亥 | 酉 |
| 戊 | 丑 | 未 |
| 己 | 子 | 申 |
| 庚 | 丑 | 未 |
| 辛 | 午 | 寅 |
| 壬 | 巳 | 卯 |
| 癸 | 巳 | 卯 |

### 天乙貴人歸類

(1)甲、戊、庚——貴在『丑、未』。

(2)乙、巳——貴在『子、申』。

(3)丙、丁——貴在『亥、酉』。

(4)辛——辛貴在『午、寅』。

(5)壬癸——貴在『巳、卯』。

## 『天乙貴人』主貴之理論：

(1)以『五行生旺』，以五行旺庫而定。

(2)以『干支六合』序位而定。並以『河圖』及『洛書』之順逆法則推論而成。

## 天乙貴人以十天干推論之：

天乙貴人有陰陽之分。一說『陽貴爲天乙』，『陰貴爲玉堂』，另一起法，『陽貴』起於『子』而順數。『陰貴』起於『申』而逆數。各得陰陽之氣，因此貴人大吉，能救凶惡於危難。

## 陽貴人起法：

**天干『甲』加地支『子』**。『甲己』相合，故『己』之天乙貴人在『子』。

**天干『乙』加地支『丑』**。『乙庚』相合，故『庚』之天乙貴人在『丑』。

**天干『丙』加地支『寅』**。『丙辛』相合，故『辛』之天乙貴人在『寅』。

**天干『丁』加地支『卯』**。『丁壬』相合，故『壬』之天乙貴人在『卯』。

**天干『辰、戌』為『魁罡』之地，為貴人所不臨，故不用『戊辰』及『己』、『戌』**。

天干『癸』用『巳』爲天乙貴人。『戊』與『癸』相合。

天干『午』與『子』相沖，故越過『午』而用『未』。

天干『己』加地支『未』。『甲乙相合』，故『甲』以『未』爲天乙貴人。

天干『庚』加地支『申』。『乙庚相合』，故『乙』以『申』爲天乙貴人。

天干『辛』加地支『酉』。『丙辛』相合，故『丙』以『酉』爲天乙貴人。

『子』地支不取，以『丑』位代替。

天干『癸』加地支『丑』。『戊癸相合』，故『戊』以『丑』爲天乙貴人。

**陰貴人（又稱玉堂貴人）起法：**

**天干『甲』加地支『申』**。『甲己相合』，故『己』用『申』爲貴人。

**天干『乙』加地支『未』**。『乙庚相合』，故『庚』用『未』爲貴人。

**天干『丙』加地支『午』**。『丙辛相合』，故『辛』用『午』爲貴人。

**天干『丁』加地支『巳』**。『丁壬相合』，故『壬』用『己』爲貴人。

**辰為天罡，戌為河魁，貴人不臨，不取為貴人。**

**天干『戊』加地支『卯』**，『戊癸相合』，故『癸』以『卯』爲貴人。

寅申相沖，『寅』沖陰貴之『申』，不取用。

天干『己』加地支『丑』。『甲己相合』，故『甲』用『丑』爲貴人。

天干『庚』加地支『子』。『乙庚相合』，故『乙』用『子』爲貴人。

天干『辛』加地支『亥』。『丙辛』相合，故『丙』用『亥』爲貴人。

天干『壬』加地支『酉』。『丁壬相合』，故『丁』用『酉』爲貴人。

天干『癸』加地支『未』。『戊癸相合』，故『戊』以『未』爲貴人。

申為原位，不取貴人。

※由於先天卦之『坤卦』在正北，故**陽貴起於先天卦之坤位**，地支從『子』起『申』。後天『坤』卦在西南方，**陰貴起於後天卦之『坤卦』**，故從『申』起『甲』干。

**【原文】**

天乙貴人者，三命中最吉之神也。若人遇之，主榮名早達，官祿易進。若更三命皆乘旺氣，終登將相公卿之位。大小運行年至此，亦主遷官進財，一切加臨至此，皆為吉兆。三命指掌。

**【解析】**

天乙貴人是三命（指干為祿、支為命，干支之納音為身，此稱三命）中最吉之貴神．若人命中有天乙貴人，主其人早能成名，富貴易達成。若人命中有天乙貴人，主其人早能成名，富貴易達成。倘若此三命都具有旺氣，都在旺位之上，一定會高登國家重臣之位。如果其人的大小運行運到天乙貴人的干支上，則主升官發財。所有的事及運氣逢到天乙貴人的運氣上，都是大吉之兆。

**四庫案語解：**人之命運由祿命，身之三命指掌之故。

## 【原文】

論貴神優劣，乙丑文星貴神，乙未華蓋貴神，截路空亡。丁未退神羊刃貴神，一云半吉。己未羊刃貴神，一云半吉。辛未華蓋貴神，一云空亡大敗。癸未伏神華蓋貴神，巳上甲戌庚人月日時貴神。甲子進神貴神，丙子交神貴神，戊子伏神貴神，庚子德合貴神，壬子羊刃貴神，甲申截路空亡貴神。一云半吉。丙申大敗貴神，戊申伏馬貴神，庚申建祿馬貴神，壬申大敗貴神。一云半吉，已上乙巳人月日時貴神。乙酉破祿貴神，丁酉喜神貴神。一云大敗。己酉進神貴神，辛酉建祿交貴神，癸酉伏神貴神，一云吉。乙亥天德貴神，丁亥文星貴神，已上丙丁人月日時貴神。甲午進神貴神，丙午交羊刃貴神，一云半吉。戊午伏羊刃貴神，庚午文星截路貴神，一云半吉。壬午祿旺氣貴神，甲寅文星建祿貴神，丙寅文星貴神，戊寅伏馬貴神，庚寅破祿馬貴神，壬寅截路貴神。已上六辛人月日時貴神。乙卯天喜貴神，丁卯截路貴神，一半云吉。己卯進神貴神，辛卯交破祿貴神，癸卯旺祿貴神，乙巳正祿馬貴神，丁巳九天祿庫貴神，己巳九天祿馬庫貴神，辛巳截路貴神，一半云吉。癸巳伏馬貴神，已上壬癸人月日時貴神。

## 【解析】

### 論貴神之優劣：

1 **甲戊人之貴人**：（甲戊庚人月、日、時貴神）

『乙丑』文星貴神。

『乙未』華蓋貴神。（帶截路空亡）

『丁未』退神羊刃貴神。（一云半吉）

『己未』羊刃貴神。（一云半吉）

『辛未』華蓋貴神。（一云空亡大敗）

『癸未』伏神華蓋貴神。

2 **乙、己人之貴人**：（乙己人月、日、時貴神）

『甲子』進神貴神。

『丙子』交神貴神。

『戊子』伏神貴神。

◎『李虛中命書』詳析

『庚子』德合貴神。
『壬子』羊刃貴神。
『甲申』截路空亡貴神。（一云半吉）
『丙申』大敗貴神。
『戊申』伏馬貴神。
『庚申』建祿馬貴神。
『壬申』大敗貴神。（一云半吉）

## 3 丙、丁人之貴人：（丙丁人月、日、時貴神）

『乙酉』破祿貴神。
『丁酉』喜神貴神。（一云大敗）
『己酉』進神貴神。
『辛酉』建祿交貴神。
『癸酉』伏神貴神。（一云吉）
『乙亥』天德貴神。

『丁亥』文星貴神。

4 **六辛日貴人**：（六辛人月、日、時貴神）

『甲午』進神貴神。
『丙午』交羊刃貴神。（一云半吉）
『戊午』伏羊刃貴神。
『庚午』文星截路貴神。（一云半吉）
『壬午』祿旺氣貴神。
『甲寅』文星建祿貴神。
『丙寅』文星貴神。
『戊寅』伏馬貴神。
『庚寅』破祿馬貴神。
『壬寅』截路貴神。

5 **壬癸人之貴人**：（壬癸人月、日、時貴神）

『乙卯』天喜貴神。

『丁卯』截路貴神。(一云半吉)
『己卯』進神貴神。
『辛卯』交破祿貴神。
『癸卯』旺祿貴神。
『乙巳』正祿馬貴神。
『丁巳』九天祿庫貴神。(一云半吉)
『己巳』九天祿馬庫貴神。
『辛巳』截路貴神。
『癸巳』伏馬貴神。

**【原文】**

凡如此已上貴神,若與祿馬同窠,不犯交退伏神,支干相合者,定須高官職清。若無德更值空亡交退伏神五行無氣,至死不貴。緊要在月日時支干相合，則為吉，不然乃庸常流也。并同金書命訣。

**【解析】**

凡是命格中有以上之貴神者，若與祿馬同旬，不犯交退伏神（與空亡相同），不逢沖擊，干支相合，主其人能做清要之職的高官。如果無德，無貴人，又更逢空亡及交退伏神，臨五行衰絕休囚，其人會到死皆不貴顯。最要緊的，是在月、日時上的干支合，才爲吉。不然其人會爲平庸之流的。

## 進交退伏神（年月日時同論）

六十甲子分爲四侯，以十五日爲一侯。甲子爲第一侯進神，己卯爲第二侯進神。甲午爲第三侯進神。己酉爲第四侯進神。以次推之

| 進神 | 交神 | 退神 | 伏神 |
|---|---|---|---|
| 甲子 | 丙子 | 丁丑 | 戊寅 |
| 甲午 | 丙午 | 丁未 | 戊申 |
| 己卯 | 辛卯 | 壬辰 | 癸巳 |
| 己酉 | 辛酉 | 壬戌 | 癸亥 |

## 截路空亡（從日起神煞）

遁干壬癸所乘之支。甲遁干至申爲壬申。乙遁干至未，爲癸未。故甲以申、乙以未爲截路空亡。餘照此推之。以此十日爲截路空亡。

| 日 | 甲 | 乙 | 丙 | 丁 | 戊 | 己 | 庚 | 辛 | 壬 | 癸 |
|---|---|---|---|---|---|---|---|---|---|---|
| 截路空亡 | 申 | 未 | 辰 | 卯 | 戌 | 酉 | 午 | 巳 | 寅 | 亥 |

## 【原文】

此格有三干合為上，支合次之，無合又次之。如甲子、己未此為上格，蓋甲己合也。無死絕衝破空亡，更有福神助之，當極一品之貴宰。有死絕為鄙吝殺也，如有死絕衝破空亡之類，只作正郎員郎，然多難無福耳。如戊子、己丑此為次格，若無死絕衝破空亡，須作兩制兩省，少年登科，當居清要華近之選，更有福神相助為兩府矣。有死絕即減作正郎員郎，亦須有職名。若有沖破空亡，只作一多難州縣官，晚年得至朝官極矣。如辛未、庚寅，此為第三等，若無死絕衝破空亡，即作正郎卿監少達、歷清要差遣，更有福神為之助，往往為兩制矣。若有死絕即作員郎京朝官，更有衝破空亡，平生多難，只作州縣卑冗之官，縱得改官易位，壽不永矣。林開五命。

## 【解析】

**貴人格局高低層次有三種**：一、是天干相合爲最上品。第二是地支相合爲次品。第三是干支皆無合爲最下一品。

**例如『甲子、己未』為最上等貴人格局**。因天干甲己相合之故。只要沒有死絕、沖破和空亡，要有福神相助，就能當一品之貴的宰相（相當今日是首相或行政院長之職）。如果有死絕、爲鄙吝之煞的命格，如果有沖破及空亡之類的命格的人，只能做員郎之職（府院之下的處長），然而易多災難。

**第二種地支相合的，例如『戊子、己丑』為次等格局**，倘若沒有死絕沖破空亡的刑煞，可做兩省節制史，或藩台（現今省長之類或經略兩省之類官職），此命格會少年時便歷要職，在上位者近身居清要之職。如果更有福神相助，可爲府台之職，如具有死絕，即會減低職位做員郎之職（一般高級務公務員）。

如果被沖破或有空亡，只能做一多遇災難的地方級州縣官職，辛苦到晚年可升到政府中做官。

**例如『辛未、庚寅』是第三等級的貴人格局**。倘若沒有死絕沖破空亡，可做政府高級公務員事務官。再有福神相助的，可高升節制藩省（省長之職）。如果有死絕，即做政府中事務官。如果更有沖破空亡的，一生多災難，只做到小州縣之卑微做雜事之小官。縱使能升官易位，壽命並不長。

**【原文】**

紫虛局

**貴人交互人多貴，旺氣相乘館殿資，切莫五行傷著主，令人閑地冷清虛。**寸珠尺璧，凡月日時互換見貴，太歲不帶者，不貴。

**【解析】**

貴人局，命格中有貴人干支交相合者，人多主貴。這是干支旺氣相加，能有做政府高級首長之資質。萬萬不要有五行刑剋到命身。這樣會使人命運不濟，一生無法做官，應試不中。

**四庫案語解：**凡成珠璧主貴者，會在月、日時上互換見貴。當生太歲不帶不貴。就像年時有貴人互換，稱為『羅紋貴人』，福力極重。

## 【原文】

貴合貴食

有貴合則官位穹崇，所作契合。有貴食則祿豐足所成造望，如甲戊庚貴在丑未，甲得己丑、己未，戊得癸丑、癸未，庚得乙丑、乙未，乙巳貴在申、子，乙得庚子、庚申，己得甲子、甲申，丙丁貴在亥酉，丙得辛酉、辛亥，丁得壬寅、壬辰，如此之類謂之貴合。甲食丙，乙食丁，丙丁貴在酉亥，甲得丙寅、丙辰，乙得丁酉、丁亥，庚食壬、辛食癸，壬癸貴在

◎『李虛中命書』詳析

卯巳，庚得壬申、壬戌，辛得癸卯、癸巳，如此之類，謂之貴食。有貴合則官多稱意，有貴食則祿多稱意。二者兼之，官高祿重，無往不利。闍東叟書。

**【解析】**

**貴合：**

①**『甲、戊、庚』貴在『丑、未』**。甲得『己丑、己未』。戊得『癸丑、癸未』。庚得『乙丑、乙未』。。

②**『乙、己』貴在『子、申』**。『乙』得『庚子、庚申』。『己』得『甲子、甲申』。

③**『丙、丁』貴在『亥、酉』**。『丙』得『辛酉、辛亥』。『丁』得『壬寅、壬辰』。

**貴食：**

**『甲』食『丙』。『乙』食『丁』。**
**『丙、丁』貴在『酉、亥』，**『甲』得『丙寅、丙辰』。
『乙』得『丁酉、丁亥』。
**『庚』食『壬』，『辛』食『癸』。**
**『壬癸』貴在『卯、巳』，**『庚』得『壬申、壬戌』。
『辛』得『癸卯、癸巳』。

**前述者為『貴合』、『貴食』**。凡命格中有『貴合』的，則易升官快，稱己之意。有『貴食』的，則以得財稱意。兩者都有，則高官厚祿，一切稱意了。

天空、地劫

**【原文】**

天乙貴神合者，謂天乙在貴神亦合上是也。甲戊庚在子午。乙巳在丑、巳。丙丁在寅、辰。壬癸在申、戌。辛在亥未，皆主大福，遇兩合以上者主貴。三命提舉。

**【解析】**

天乙貴人相合的，貴神亦相合

『甲、戊、庚』貴神在『子、午』。（其中子丑相合，午未相合）。

『乙、己』貴神在『丑、巳』。（其中子丑相合，巳申相合）

『丙、丁』貴神在『寅、辰』。（其中寅亥相合，辰酉相合）

『辛』貴神在『亥、未』。（其中寅亥相合，午未相合）
『壬癸』貴神在『申、戌』。（其中巳申相合，卯戌相合）
以上皆主有大福氣，如能遇兩種以上相合的，更主貴。

# 『李虛中命書』《卷中》原文及解析

## 通理物化

【原文】

清氣陽為天，杳杳而上衝乎陽，濁氣陰為地，冥冥而下從其物。太虛之先升寂、何有至精感微而真一生焉，真一運靈而元氣自化，自化元氣者，乃無中之有，有中之無，廣不可量，微不可察，氤氳漸著，混漠無倪，萬象之端，朕兆於此。於是有清通澄朗之氣，化而為天，濁滯煩昧之氣，積而為地。故清者自濁而澄，高者自下而上。天高而浮，地厚而沉。浮者有彰動之象故為陽；沉者有寂沒之理，故為陰。清者上騰高而純陽，故充滿；濁者下沉密而純陰，故冥寂。而萬物從化之，故衡於上者為陽，而生萬物；沉於下者為陰，而成萬物，然而實始於一者也。

**【解析】**

此謂地球剛形成混沌之時，即太初之時，起先是不分陰陽的，等到清氣較輕，爲陽氣上升成爲天。陽氣幽暗深遠的往上衝。濁重之氣爲陰，往下沈爲地。往下又深邃的落下，落到底而生成物。

**四庫案語解：**太虛之初，一片寂靜，從細小中生太極（為真一生），太極運用靈氣而自己形成元氣，再無中生有，有中生無的變化，此元氣廣大不可測量，微小不能察覺。（現今科學界會以質子、中子、分子等來解釋之）。當地球上的氣體漸漸雲煙瀰漫，混沌如荒漠一般沒有頭緒，所有萬物之開端便發生徵兆於此時開始。於是就有清澈明通澄潔爽朗之氣化為天。混濁停滯、令人厭煩、暗昧之氣（如土氣），因較重累積落下來而為地。

因此，清新乾淨的氣是自混濁而漸澄清的。高高在上之物，也是自下而漸漸增上的。天高高的浮在天上，地厚實的沈在地下。浮在上面的天，有明晰美麗的閃動的樣子，故稱之為『陽』。下沈者的地有沈寂安靜隱沒之內含狀態，因此稱為『陰』。氣清的向上升騰升得很高的而為『純陽』。因此陽氣充滿地球上（為氧氣）。濁氣下沈，氣的密度緊實，較重而為『純陰』。因此地是寂靜沈墜的。但是萬物從此而生出，是故往上衝的氣為陽，會生萬物。往下沈的氣為陰，也會生成萬物。然而這兩種之氣都是從太極而生出的，故稱『始於一』。

◎『李虛中命書』《卷中》原文及解析

## 【原文】

**清濁交分，人物混成，造化始於無，相因而三生。**太樸之散乾坤之形，分體一定乎尊卑，有陰陽之相摩，有剛柔之相推，變動以行其道，經緯以成其事。凡垂象於天者，莫非文也，有高下之相傾，廣輪之相推，動靜之所生，形勢之所持。凡其質於地者，莫非禮也，故萬物生於其間者，亦且出機入機，出冥入冥，方生方死，方死方生，域於輪轉之地，而機之動不能自已，故草木黃落而菊始華，蒼庚鳴而鷹以化。一根髮之細不知誰與之扶持，一昆蟲之微，不知誰與之生死。戢戢而動，植非物之與雕刻也；芸芸而歸根，非物與之揪斂也。自消自息，自智自力，自形自色，曾不知有造化之者，是人物混然而立也。則其光為日月，其文為星辰，其澤為雨露，其威為雷霆，辰集於房，月湛而明，日遄而化，此天之道也。其高為山岳，其大為江湖，其文為草木，其富為百谷，載萬物而不慴，生萬物而蕪窮，此地之德也。高而為君父，貴而為王侯，大而為郡牧，下而為庶民，文於仁義忠信，富於財谷布帛，成而祀天地，靈而驅萬物，此人之事也。莫大乎天，莫厚乎地，莫靈於人，是以因於天體，成於地儀，範圍天地之化三才，由一而生也。

## 【解析】

天地清與濁上下分開，人和物從冥冥、混沌之中漸漸生成，一切生命之始是從無開始，相繼因循生成天地三才。

**四庫案語解：**太樸指太初時期，使乾坤天地的形狀分開。乾坤氣體分開有一定的尊卑高下，其中有陰陽相激盪相磨擦，有剛和柔相互推擠，相互變動，來回穿梭，才能生成天和地。從天象來看，都有顯示、指示。天會從高而下相傾斜，日月如大輪一樣日出日落，月出月落、日落出月，月落出日，彷彿相推動。動與靜的發生，山川形勢的建立形成。凡是能成為『地』之本質，莫不是從『禮』。事神致福為『禮』，或人類行為規範為『禮』，因此萬物生於天地之間，能出入一些生機先兆，靈魂出入一些昏暗不明之處，有些剛生有些剛死，有些剛死又有些剛生，此形容生物剛育化之時的狀況，這些生物彷彿處在輪迴之地，有一定的生物機動循環之力量，物體自己是不能改變的。因此菊花開的時候是在草木黃枯葉落了之後，蒼庚這種鳥鳴叫之後，小鷹才得以孵化，不知有誰會扶持一根頭髮之細對人的恩慧。言對人恩惠小。一隻小昆蟲之微小，也不知誰會關心其生死。小聲而動，並不是用物品來雕刻它。從茂盛而葉落歸根，也不是有物體將之揪拉而下。自己消長自己息滅，自己用自己的智力生長，自己長成自己要長的樣子形形色色，以前根本不知道有造物者，人和物就麼樣的在地球上濛然的而生成立了。則會發光的為日和月。紋飾他們的是星辰。雨露積而為水澤。雷霆很大聲的發威。星辰都集合在太陽的旁邊。（『辰集於房』二十八宿化曜，房、虛、昂、星為『日』）月亮清湛而光。日（太陽）頻頻往來日出日落而進化著，這就是天道了。漸漸演變，高的成為山岳，水大的成為江河湖海。有草木在地面上紋飾，許多山谷起伏有緻，不害怕承載萬物，衍生萬物無窮多，這是『地』之功德。輩份高的為君為父，地位高貴的為王為侯管理眾民。能力大的為郡牧，地位低下的為庶民百姓。用仁義忠信教化他們，用財貨布帛富裕百姓，國家形成、管好了，就祭祀天地之神。人類智慧強了就驅逐惡獸，這是人的工作。沒有再高過天的了，也沒有再比地厚的了，更沒有比人更聰明靈俐的了。這是由於有天體，再形成地儀，規範天地人之三才是由『一』而生。（此一指太極）

## 【原文】

**天一地二，蓋乾坤之體，坤為土也，乾為金，金亦土也，為水母。**天一地二，奇耦之策也。三奇為乾，三耦為坤，是一而兩之之義也。故陰陽自始者，謂之太始。陰陽自明者謂之太極。則萬物之始於乾也，亦由天地之所資以始，是以知乾為之太始。萬物之所資生於坤也，亦由天地之所資以生，是以知坤為之太極。故乾之卦所以在西北，坤之卦所以在西南。以乾為太始，以坤為太極，可知矣。是以太始之極，一而兩之，作乾坤之象，金土同體而異名，有此見一數之終始也矣。

**【解析】**

天爲一，地爲二，這是天地乾坤之本體，坤是土，代表未申之土。乾爲金，金的本質也是土。乾的卦氣在壬申（戊亥），會生水，爲水之母（亥是壬之祿地）

**四庫案語解：**天一、地二，這由易經來說在揲蓍占卦中，『大衍之數』的推演過程中，天一是奇數之策，地二是偶數之策。第三次分的策奇數是為乾。第三次分策的偶數為坤。是一分為二的意思。是故，陰陽自開始就稱之為『太始』。陰陽之氣分成清楚，稱之為太極。萬物的生成開始於乾（乾屬金水，為水母，生物是由水開始育化的）。這也是天地所供給資助萬物的開始。因此說『乾』為太始，萬物由坤來滋生，亦由天地所供給資助而滋生。因此知道『坤』為太極。是故西北為乾卦，西南為坤卦。以乾（西北）為太始，以坤（西南）為太極。由此可知：是以太始之極（一分為二，來做乾坤之表相，金土實則同體質，但名稱不一樣。由此可見天地萬物由『一』數之開始也由『一』數結束。

## 【原文】

**四正四隅，何遐邇之為正，艮為土也，應乎坤。巽為風也，風出木。**乾坤艮巽，四隅也，而為天地之大紀；坎離震兌，四正也，而為乾坤之大綱。曾不知廣輪之艮，而有會通之情也。然則萬物之始終，莫盛乎艮，故應乾坤之節制，莫始於巽，故為風，然風非出於木，而鼓舞於萬物為事由動之生息也，故巽繼於震。

**【解析】**

四正為正北、正南、正東、正西。四隅為西北、東北、東南、西南。『正』要如何算遠近呢?艮(代表東北方)為土,其對應方向為坤(西南方)。巽(東南方)為風的方向,風會生木。

**四庫案語解:**乾(西北)、坤(西南)、艮(東北)、巽(東南)為四隅。四隅是天地中屬於大的細目的線。坎(正北)、離(正南)、震(正東)、兌(正西)是『四正』。此四正是乾坤中大的粗目之綱繩。殊不知艮會與坤有對應相通,然而萬物自始至終,都從艮(東北方)繁盛起來。故應該將乾坤節制其始終,莫不始於巽(東南方),此處故為『風』。然而風並非出於木(東南方),而只是鼓動萬物生物,使之活動有生氣而已。因此巽(東南)繼於震(正東)後。

## 【原文】

**坎離未判，以清濁明水火。震兌之前，以左右用金木。**天一地六相合生水，地二天七相合生火。言水則含知而內明，言火則崇禮而外照。內明足以應物，外照足以知人。知人者無所不知，應物者無所不應。故清之為水得天一，辰中是奇內而天一，偶外而地六，其為卦也曰坎；故濁之為火得地二，辰中是偶合而地二，奇外而天七，其為卦也曰離。夫二者本水火南北之分，為乾坤男女之體，亦由清濁判於自然也。天三地八相合，而生木於東方，木生風以動之故為卦曰震。地四天九相合，而生金於西方，金生水以澤物而物脫之，故為卦曰兌。然東木受西金之制，而左言木右言金者，是震男兌女，尊卑之義也。

**【解析】**

坎爲子北，離爲午南，南北子午還沒分的時候，以清的爲水，以濁的爲火，震爲東方，兌爲西方，未分東西之前，以左爲木，右爲金。

**四庫案語解：**洛書中以天一地天合而生水。居北。地二天七相合生火，居南。以水內含智慧內明，火則崇尚禮節外照明亮。內明會處理事物，外照會知人之事。知人者無所不知。應物者善於應事，會無所不應。因此清氣為水代表天一，辰屬土，屬申，是奇數在內而天一，偶數在外而地六，其卦曰『坎』。故濁氣為火，得地二。辰中是偶合而地二，奇數在外而為天七，其卦為離。這兩種本是水火、南北、子午之分．代為乾坤男女之體象。亦是由清濁來分辨於自然。

天三地八相合，木生於東方，木生風動，為震卦。地四天九相合，生金於西方。金會生水、澤物而物會脫離，故為『兌』卦。木為東，受西方金相刑剋，受制，故左稱木、右稱金。為震男兌女，為帶有地位尊卑之意義的說法。

**《卷中》一開始就是講五行的起源。五行是從『河圖』、『洛書』所產生出來的，八卦也是從『河圖』、『洛書』所產生出來的，這是命理學問之始。五行相生、相剋的狀況，也可由『河圖』、『洛書』中可看出來。**

## ◎『李虛中命書』《卷中》原文及解析

## 河圖

五行相生之次序
由順時針方向相生
一六為水居北
二七為火居南
三八為木居東
四九為金居西
五十為土居中

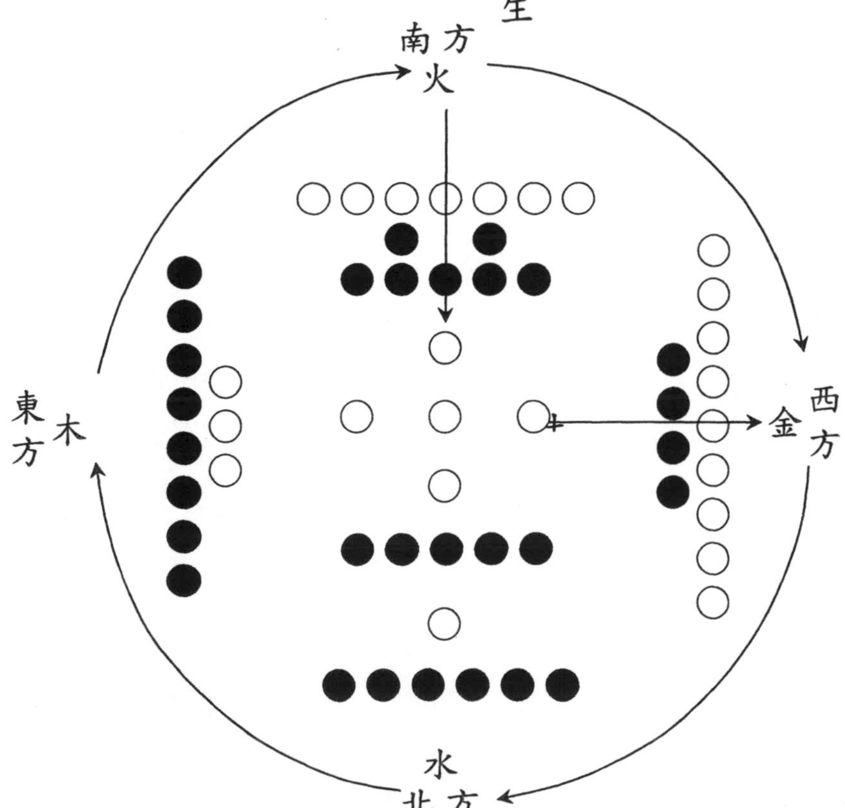

## 洛書

排列組合
載九履一
左三右四
二四為肩
六八為足
五居其中

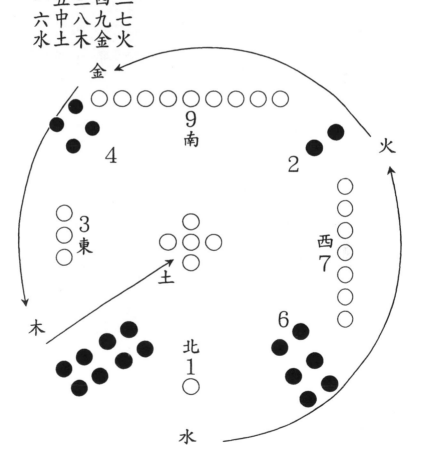

相剋方式
一六水剋二七火
二七火剋四九金
四九金剋三八木
三八木剋五中土
五中土剋一六水

金
9
南
火
4
2
3
東
西
7
土
木
6
北
1
水

**【原文】**

**易八卦者以剛柔相半，連四象者分逆順而生成。** 易以八卦兼三才而兩立為天地廣輪之體用，故始三一而為乾二為坤，生六六九九之變，為四象五行之數，然後聖人分陰分陽達用柔剛以相易之，故天地位而成章也。列萬匯而象之，以別盛衰矣。四象者大而為日月星辰，廣而為金木水火，八卦由四象而兩制之，則有陰中之陽，陽中之陰，寒暑運行而萬物化育也。

**【解析】**

易經生八卦，其中以陰和陽各有一半。四象為東西南北，也為木金火水。八卦和東西南北，以及木金火水等五行相連時，分別以五行相生時，會以順時鐘方向旋轉，五行相剋時，會以逆向沖剋（逆時針方向沖剋）而生成。

**四庫案語解：**易經中的八卦以天地人三才分開，做為天地間宇宙中一切本體之用，因此從三一開始，而到乾二為坤，再生六六九九之變，此為四象（東南、西北）及五行（金木水火土）之數。然後聖人（指孔子）在《繫辭傳》中將八卦分陰分陽，再用太陽、太陰相互易換，是故天地之位就成秩序了。列出所有的天、地人之資料以陰陽象徵之，來分別旺盛或衰敗。『四象』的意義，大的算是『日、月、星、辰』。廣義就是金木水火（五行中之四元素，也代表東西南北四方，或春夏秋冬四季）。八卦由四象而變為陰陽兩制，則會有陰中之陽（少陽），或陽中之陰（少陰）之分。於是就有了春夏秋冬之運行，而萬物就孵化孕育了。

## 易之八卦為先天八卦

易有太極，而生兩儀，兩儀生四象，四象生八卦

**《繫辭傳》**

孔子分先天八卦序：乾一、兌二、離三、震四、巽五、坎六、艮七、坤八。

(1)乾兌離震為陽。乾：離巽艮又為陽。
乾、兌為太陽。巽、坎為少陽。
離震為少陰。

(2)巽坎艮坤為陰。兌、震、坎、坤又為陰。
艮、坤為太陰。

| 陰 | 陽 | 陰 | 陽 | 陰 | 陽 | 陰 | 陽 |
|---|---|---|---|---|---|---|---|
| 坤 | 艮 | 坎 | 巽 | 震 | 離 | 兌 | 乾 |
| 太陰 | | 少陽 | | 少陰 | | 太陽 | |
| 陰 | | | | 陽 | | | |

**【原文】**

**二儀分列各包四象之形，乾坤音土遂作五行之用。**天地為二儀，則上有日月星辰運於無為，下有金木水火濟於有用。金生於土而聚於土者，然乾坤本一而立二，為清濁之別，包括四象為五行，以盡天地之數，備萬物以成終也。

**【解析】**

天地陰陽爲『二儀』。天地分開，各自包括了四象的形狀，如天上的『四象』爲日月星辰，地上的四象有金木水火。乾坤屬土，作爲五行可供使用。

**四庫案語解：**天和地為二儀，二儀生四象，於是天上有日月星辰在運行，地上有金木水火能幫助人有用。金由土生，而聚之在土。在先天八卦中坤為一、乾為二，為陰陽之分，其中包括了四象（金木水火），加其本身土，為五行。五、十居中。成為圓滿的天地之數，以備萬物之數而成功。

## 【原文】

**一而兩之道，法乎自然，八卦九宮，乘陰陽以數。**道生一，一雖立而道未離也。一生二，二名成，而道斯遠矣。是故道非數，而數之所生一非二，而一之所出。陰陽之在天地，其妙有機，而物之所始其顯有數，而物之所生始終如一。一有二而不可以相無，然陰雖有佐於陽，陽實始之而無恃焉。陽雖有賴於陰，陰實由之而不與焉。是陽常始而陰常成，陽常唱而陰常和，有自然之理，故陽奇陰偶迭用生成，而天五地六，二五而成十，五十有五之策，所以行變化而明鬼神也。故乾坤之策，萬有一千五百二十，當期之日，當萬物之數。四營成易，十有八變成卦，發剛柔而生爻，以八八於四維，則居中者盡乎九也。

【解析】

太極一而生兩儀，是一種自然法則的秩序，八卦和九宮之數，皆是用陰陽相加而成的。

**四庫案語解：**道為太極生一，一雖成立，但道（法則、秩序）仍繼續在運行沒消失。一生二、二成立了（指兩儀成立了），而道則遠離了。因此道不是數，數中一不能生二，仍是『一』自己。陰陽在天地之中，是有先機靈妙的，物種開始發生孕育時，數量不多。但物種生育遺傳的樣子始終如原來的樣子。有一、又有二、一和二之間彼此不可缺少。然而陰雖能輔佐於陽，但『陽』其實是最先的開始之氣而無恃恐。陽離依賴於陰，陰其實並不常和陽在一起。於是，陽常待在開始的一頭，而陰常待在尾端或下面的一頭。陽和陰常如夫婦唱和，有其天然之理，也因此陽為奇數，陰為偶數，相繼生成而有用。在易經『揲著占卦』中，而天為五，地為六，二和五成十，用五十有五策，未占卦做變化，來知道神或鬼之意，預卜未來。因此包括所有的乾坤之策，共有一萬一千五百二十策。這個數目是正與地球上萬物物種之數相當。而乾之策二百一十六策，坤之策有一百四十四策，共有三百六十策，和我們所用之曆法一年三百六十日相當，這是『當期之日』。『四營成易』，是指占卦時，『揲四』的過程，把蓍草分為四份。『十有八變成卦』，則為『歸奇於扐』的過程。每三變才能劃一爻，一卦有六爻，積十八次變化而畫成一卦。陰陽相互變化而生爻動，以八八六十四卦為四維（四壁）圍繞起來。在中間的是都是九。

※**『八卦九宮』之意**，鄭司農云：『太乙行八卦之宮，每四及入中央，為『九宮』』。易緯乾度云：一陰一陽謂之道，太一取其數以行『九宮』。易云：『天一、地二、天三、地四、天五、地六、天七、地八、天九、地十』天地之數合五十有五。九宮用者，天除一、地除二、人除三。餘四十九以當蓍策之數。

**黃帝九宮註云**：載九履一、左三右四，二四為肩，六八為足，五居中，總御其得失。其數則坎一、坤二、震三、巽四、中宮、六兌、七艮、八離、九太一。

## 【原文】

**五行分陰陽為十干，清而不下；五支易剛柔為十支，濁而不上。**天地之數各成於五然始立甲者，本平土之氣中乾坤皆土之義，始於甲乙丙丁，次生戊己庚辛壬癸，如一之有二，而為十干之氣主曰清則騰而生，故不同下之五行也。五支，言道生一而支散為五，以成五行之數，乃濁者下沉，而生二五如十，剛分支列於乾坤之廣輪，如甲之生乙，丙之生丁之義，故寅則運於卯，巳則運於午，然而同類為陰、陽而不同支干之生。

**【解析】**

五行在十種天干中每一種五行統屬二種天干，一種是陰的，一種是陽的。

**例如：木——甲木，為陽木。**
**乙木，為陰木。**
**火——丙火，為陽火。**
**丁火，為陰火。**
**土——戊土，為陽土。**
**己土，為陰土。**
**金——庚金，為陽金。**
**辛金，為陰金。**
**水——壬水，為陽水。**
**癸水，為陰水。**

在十天干所屬之五行氣清純正，經過分爲十支之後，便會濁而不止。如『寅』中有丙火、甲木、戊土，支類不一樣，故爲『濁』。

**四庫案語解：**天地之數五十有五，故言成於『五』，然而從『甲』開始。原木在土之氣中，乾坤皆屬土，從甲乙丙丁開始，其次生戊己庚辛壬癸。就像有一就有二，這些都為十干之氣，主氣清、向上騰升，為十天干，這是不同於地支之五行的。五支，是說『道』（指陰陽）生出一，而其支散為五個，所以成為五行之數，這是濁者下沈的為地支之數。再生二五如十，就像天地宇宙乾坤中分支排列一般，例如甲會生己，丙會生丁的意思。因此，寅則運行於卯，寅中有甲木，卯中有乙木，皆為木，但寅中為陽木，卯中是陰木。巳則行午，巳中有丙火，午中有丁火，但巳中是陽火，午中有陰火，一種是『木』的同類，一種是『火』的同類，只是陰陽不同，為不同支干所生的東西。

**【原文】**

土逐四時之氣，故有十二支。十二支以夫婦為體，十干以父子相乘。四時乃四季也，順四象之用，然四象為兩立成八支，惟土者本天地，個五而兩之。則分四支列乎四維，以終四象之變。蓋辰戌同體，丑未同形，子陽亥陰，寅陽卯陰之類。如夫婦之同體，甲生乙，乙生丙類，如父子相生，本乎一而為五。

**【解析】**

四時爲『春、夏、秋、冬』四季，此四季再與干支搭配，就有十二支。十二支如同夫婦同體，十干如同父子相生。

『**春**』——**甲、乙、寅、卯。**

『**夏**』——**丙、丁、巳、午。**

『**秋**』——**庚、辛、壬、癸。**

『冬』——壬、癸、亥、子。

『土』——戊、己、辰、戌、丑、未。

**四庫案語解：**四時為四季春夏秋冬，順應四象金木水火之應用。然而四象分兩立為陰陽，成八支為乾、兌、離、震、巽、坎、艮、坤。只有土為乾坤為原本的天地。屬五再分，則分『艮、震、巽、兌』四支列為四維，以完成金木火水之變化。辰戌是夫婦同體的土。丑未是性質形狀相同的土。子水屬陽，亥水屬陰，寅木屬陽，卯木屬陰，這些都像夫婦男女一般相吸而同體。如果是天干一類的甲生乙，乙生丙，就如同父子相生，是從一而至五。土為五。

## 【原文】

三才有陰陽之天地，五行運物化之人倫。分陰陽則為天地，立父子則為人倫故，干陽也亦有乙丁己辛癸之為陰，支陰也亦有子寅辰午申戌之為陽，是知陰陽之相覆，奇偶相匹。故萬物化成，生者為父為母為子為孫，配之為夫為婦，以別人倫之要也。

**【解析】**

三才天、地、人之中，天地有分陰陽，五行運作之後，有生剋之道理後，而有人倫。

※『三才』在天地間是爲『天、地、人』。在干支上是爲『天干、地支，支藏天干』。干支中也有五行陰陽生剋的原理。如『我生爲子孫（食傷），生我者爲父母，爲蔭（印），我剋爲財，剋我爲官祿（爲鬼官）。天支五行生剋中包含人倫之道。

**四庫案語解：**陰陽一分，則有天地，有父子則有人倫。是故陽干中也有乙、丁、己、辛、癸之為陰干。屬陰的地支中也有子、寅、辰、午、申、戌等為陽支。這是陰陽相反覆變化，奇數與偶數相匹配，是萬物生成，相生的是父母、子孫一脈相承。相匹配的是夫婦男女，如此以分別人倫上的關係。

## 【原文】

**故曰甲己真宮，乙庚真商，丙辛真羽，丁壬真角，戊癸真徵。**

甲木二五之始，名而為土，六位相成於己，故曰真宮。土生始成終，故金次於土，羽水之音，角木之音，徵火之音，此十干皆天之清氣，生數成於五至六而為偶，為陰陽之始，作天地之真運。然而真運在天，必自地而得之矣。何則天罡本乎辰也，陽動而陰靜，得十二常轉位，自甲子為始，至於辰則見戌是地之功也。故甲之為土明矣，是知真運在天，自地而得之也。

## ◎『李虛中命書』詳析

### 【解析】

生剋變化已經到了納音的階段。納音就是宮、商、角、徵、羽。這是與氣化相感應而形成的。

甲己屬土，納音是『宮』位。乙庚屬金，納音是『商』位。丙辛屬水，納音是『羽』位。丁壬屬木，納音是『角』位。戊癸屬火，納音是『徵』。

**四庫案語解：**甲木以二五為始，屬土，隔六位到己，仍是土，故稱『真宮』音位。土自始生成到終了，是天地間的大功臣，因此金次於土一階屬的『羽音』，屬木的『角音』，屬火的『徵音』，從甲乙丙丁、戊己庚辛壬癸這十干都是天上的清氣，生成之數於五至六而為偶數，這也是陰陽之開始，亦是作為天地真的孕育發生之開始。然而，天地要運作分開必是天然而成的。也必自地和天分開而得以天地分的，為何天罡在辰，陽氣會動，陰氣則下沈靜止，有十二個常轉位（指十二地支），從甲子開始，到辰，再見戊，這是地之使成功。因此，甲之為土的道理很明顯了，這是天然而形成的，自地而得到的。

【原文】

寅午戌火體，亥卯未木體，申子辰水體，巳酉丑金體，斯非真體，乃五行生旺庫之地，土則從四事成之。四象之體而終皆土，故戊至辛而金之土也。

【解析】

寅午戌三合會火局，亥卯未三合會木局，申子辰三合會水局，己酉丑三合會金局。這些都不是其真體性，只是臨五行中『生、旺、庫』而已。土則從四事指『辰、戌、丑、未』四庫全是土而形成的，極旺。

**※寅午戌三合會火局**，寅爲『火長生』之地。午爲『火帝旺』之地，戌是『火庫』，雖然寅午戌聚集了火的『生、旺、庫』，但並不能代表純火，只是一種體象，不是實質真的體性

**亥卯木三合會木局**，亥是『木長生』之地，卯是『木帝旺』之地，未是『木庫』之地。

**申子辰三合會水局**，申是『水長生』之地，子是『水帝旺』之地，辰是『水庫』之地。

**巳酉丑三合會金局**，巳是『金長生』之地，酉是『金帝旺』之地，丑是『金庫』之地。

以上皆是五行『生、旺、庫』之地。

**四庫案語解：**四象之體（金木水火之體）而最終全是土，因此戌至辛為金之土。

【原文】

六十納音者，配由十干十二支，周而終之數也。干支相乘，歸天地始終之數，為六十也。

【解析】

六十納音，由十天干（甲乙丙丁戊己庚辛壬癸）和十二地支（子、丑、寅、卯、辰、巳、午、未、申、酉、戌、亥）相組合而成，由甲子、乙丑……到癸亥。周而復始之數。

**四庫案語解：**由干支相加、相組合，依歸天地從開始育化到天地形成之數，此數為六十。

**【原文】**

自生成而言之，則水得一，火得二，木得三，金得四，土得五。感物化而言之，則火得一，土得二，木得三，金得四，水得五。生成者天地生成之數，物化則五行支干相成納音之數也。

**【解析】**

自天地生成之數而言，水為一，火為二，木為三，金為四，土為五。以五行干支為納音而言，火為一，土為二，木為三，金為四，水為五。

**《禮記月令篇》：**

北方亥子水，生數一，丑土生數五，得六『水』之成數。

東方寅卯木，生數三，辰土生數五，得八『木』之成數。

南方巳午火，生數二，未土生數五，得七『火』之成數。

西方申酉金，生數四，戌土生數五，得九『金』之成數。

天生一始於北方水——地生。

二始於南方見——人生。

三始於東方——時生。

四始於西方金——五行生。

五始於中央土又曰天始生。

故五行同出而異時者，故曰：濡氣生水，溫氣生火，強氣生木，剛氣生金，和氣生土。五行同時而起，托義相生五行並起各以名別，既以名別而有更互用事，輪轉休、旺。

**四庫案語解：**『生成』之義是天地生成之數。『物化』則是指五行支干形成納音之數。



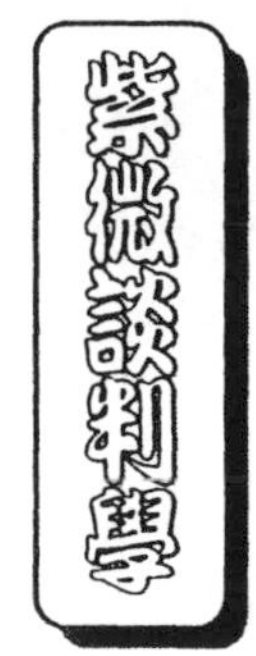

## ◎『李虛中命書』詳析

**【原文】**

**支干配則甲己子午九，乙庚丑未八，丙辛寅申七，丁壬卯酉六，戊癸辰戌五，巳亥支數四。**自九之數損之又損也，然於巳亥者不由巳而存，乾之一二，坤之二三，是道始一至三，錯綜而生諸數，以合乾坤覆載之功。若夫前所謂支干之配，則道生一，一生二，二生三，三之又三，則九為陽生。言數以甲己為造化之首，子午為陰陽之至，取極之數而先稱九，而後損之八七五六四也。

**【解析】**

支干相配合則有甲己子午為九。庚、丑、未為八。丙、辛、寅、申為七。丁、壬、卯、酉為六。戊、癸、辰、戌為五。巳、亥為支代表四。

※干數爲──甲九、乙八、丙七、丁六、戊五、己九、庚八、辛七、壬六、癸五。

支數爲──子九、丑八、寅七、卯六、辰五、巳四、午九、未八、申七、酉六、戌五、亥四。

《太玄經》：

『子、午、九』陽起『子』，迄於『午』。陰起『午』，而迄於『子』。故『子、午』爲陰陽之終，九宮數終於『九』數。

『寅』爲陽始，『申』爲陰始，自『寅』至『申』爲七，故爲七數。

**四庫案語解：**用九之數減之又減，然而巳亥之數，並不由己而有。乾之數一和二，坤之數二和三，是道生之始一至三之數，是由錯綜複雜所生而各數，用以配合天地乾坤為『土會』有覆載萬物之功用。有如前面所謂的支干相配，則陰陽為道，道生一，一生二，二又生三，三生之又三，共生九，則九為『陽之生』。甲己子午之數為九，為一切萬物萬事之開端。子午為陰陽的起迄點，取極至之數而稱其為九。而後其他的干支減為八、七、五、六、四等數。

## 【原文】

**子寅同途，歲上辰下，未可俱言，其支先甲後子納音金者數也，始父母之氣而成音，離天地則見各數。**子得同壬，寅得同甲，歲木辰水如寅為木二合，若見子而得寅者，亦是甲子之金，不可獨言木也。甲臨於子而金者，是支干化納音之數也。干支五行始因天五地五之數變而納音九八七六五四之數，相成上下而得，卻須坎離五六之數也。

**【解析】**

『子』即是『壬』，『寅』即是『甲』，故稱『子寅同途』，歲在上屬木、辰在下屬水，不可一概而論，其支爲甲子，納音金。納甲卦『乾』卦納『壬甲』。乾卦是金。故甲子納音金，是從乾之卦氣而成納音，故稱『父母之氣』（乾坤代表父母），離開天地之數五，則可見各數了。其他的數是八七六五四之數。

**四庫案語解：**『子』與『壬』相同，『寅』與『甲』相同，上干為歲為木，下支為辰為水，如寅為木二者相合。如果干支中有子而得寅，亦算是納音為甲子金。不可獨稱其為木。甲坐於子支上而為金的，是支干化為納音之數的結果。干支五行是由於天五地五之數變成的納音，再由九八七六五四等數相輔助而成，上下而得，卻仍須坎離五六，這兩數才成。（坎是戊五、離是丁六）。

**【原文】**

**天五地五則為造化之先，除其數則納音之用。**天地變通，二五為十，終成萬物，始一終五皆陽，合之為六則陰，為六五數外，即天地數所納五行之數也。假令水得五者，是本音以土權碍也。然後有音，故丙子丁丑共得三十之數，而六五皆土而得納音為水也。火得一者是火無音，因水沃之，然後有音，故戊子己丑共得三十一數，而除六五而有一數而納音得火也。木得三者蓋木有本音，故壬子癸丑共得二十八數，而有五之數是三數而納音得木也。金得四者亦金是本音，而甲子乙丑共得三十四數，而除六五之數外是四數乃金也。土得二者蓋土本無音，火陶之然後有音，故庚子辛丑共得三十二數，而除五六之數而納音為土也。故經云：先甲後子納音金者數也，得此則彼可知也。

**【解析】**

天五地五是指天地所納五行之數，成爲推定納音的方法。

**四庫案語解：**天地之數相互變通。二五為十居中為土，終於生成萬物。從一開始，到五為終皆屬陽。相加為六又為陰，除六五數外，即為天地數所形成之納音之數了。假設水是五，是納音以土制之。然後有納音，因此丙子、丁丑共得三十之數。而六五皆是土，而得納音為水。火為一，是火原無納音。因有水滋潤，然後有納音，因此戊子、己丑共得三十一之數，除六五而有餘一數，故納音為火。木為三，木有木音，故壬子、癸丑共得二十八數，用五除之餘三，而納音屬木。金為四，本音為金音，甲子、乙丑，共得三十四數，除六五是數餘四屬金。土為二，土本無音，火燻陶後有音，故庚子、辛丑共得三十二數，除五六之數，納音為土。故經云：先甲後子納音為金之數，由此可知。

**※推算納音五行之法，亦可用大衍之數為五十，其用於四十九，以四十九為基數，扣去每一極之干支數，再除以五，看餘數多少，而定納音為何種『五行』。**

**餘數為0，納音為金。餘數為一，納音為木。餘數為二，納音為土。餘數為三，納音為火。餘數為四，納音為水。**

例如甲子、乙丑共得三十四數，以四十九減三十四為十五，再以十五除五，餘數為0，故納音為金。

又例如：庚子、辛丑共得三十二數，以四十九減三十二為十七，再除以五餘數為2，故納音為土。

## 【原文】

自乾而生順，從坤而產逆，陰陽機括於五行，五行之體依八卦。父生順，母生逆，假如甲己干正月建丙寅丙丁火，故木生順母己之干在木死為逆，故甲為父己為母，在寅之家，天一生水，則由乾為屬金，金水也，故自乾生而順及納音及甲子乙丑金為首，蓋乾納甲子即是天五地五於坤數中生逆，其終數而生，亦由先九而從至四數也。陰陽者乾坤，故金土一而兩之以備五行，五行分體用而為八卦。

## 【解析】

此言納音五行之產生，乾爲金（西方金）順而相生（請參考『納音五行應先天圖』）從坤開始逆轉（請參考『納音五行應後天圖』）陰陽被包括在五行之中，五行是依八卦而來的。

**四庫案語解：**『父生順』是指『納音五行應先天圖』，自乾開始順而生成。『母生逆』是指『納音五行應後天圖』中逆轉而變。假如天干為甲己之年份，正月為『丙寅』，屬於丙丁之月份，故甲木生己之干，在木死（在午）為逆轉。故甲為父，己為母。在『寅』來說，天一生水，則由『乾』屬金，為金水，故自乾順向相生，指順時的方向相生），而成為以甲子、乙丑納音金為納音第一位開始之干支。也因此『乾』納甲子即是天五地在

◎『李虛中命書』詳析

『坤』數中逆轉，以其最終之數產生。亦為先從九而到四之數。陰陽就是『乾』與『坤』，因此金土一分為二，以形成五行，五行要加之運用而形成八卦。

# 納音五行應先天圖

## 納音先天程序

乾兌居上爲金

離——爲火

震、巽—爲木

坎——爲水

艮、坤—爲土

乾始坤成，

金取於天之剛，

土取於地之柔。

火附於天，水附於地，

而木生氣在中。

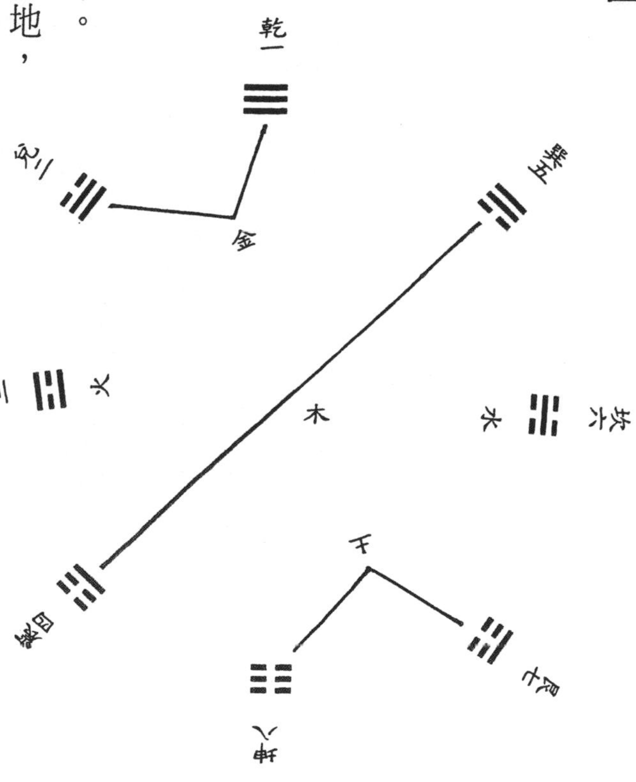

乾一 兌二 金 巽五 坎六 水 木 離三 火 坤八 艮七 土

◎『李虛中命書』詳析

## 納音五行應後天圖

後天圖中，自乾逆轉坤，轉離火於南

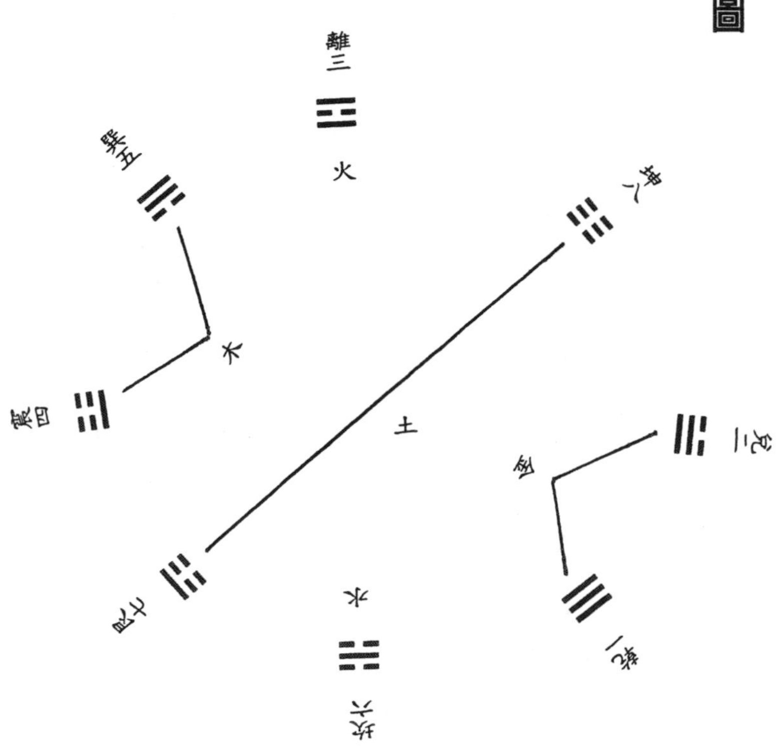

【原文】

火愛乾為會，水利巽而享，歲守坤鄉，金藏艮位。乾純陽也，處西北，故至亥而顯明。水性本下，巽出東南順下也，故水巳為利也。坤則成物，歲以終之，故至申萬物介然守禮，用艮終始萬物而仕於坤，故金至寅終藏於土下。

【解析】

乾始坤成，火附於天，乾金取於天之剛，故火會乾（純陽之氣）。水順下，利巽木。

坤地育化萬物，歲終而有成，爲『歲守坤鄉』。金藏於艮土之中。

**四庫案語解：**乾是純陽之位，位置在西北方，故到亥很明顯（亥屬陰），水性本來就是往下流的，巽在東南方，自西北到東南為順下，因此對水有利。坤為土為地，能育化萬物，故到『申』時，萬物遵守自然法則用艮土生萬物而使坤大功告成，因此金到『寅』中，始終都藏在土下不顯露出來。

## 【原文】

**木落糞本，水流趨末，火顯諸用，金蔽於光。**各任性鄉故守坤鄉，水趨末則利巽方，火顯用則愛於乾，金蔽於光則又藏於艮也。

## 【解析】

木會落葉於土中，水會往下流趨於低下之地，火能剋金而顯用金，被土蓋住會蔽於光。這些都是自然本性。

**四庫案語解：**從坤為土開始，每種五行各自有各自的本性，像木歸於土，水向低處流則利於木（巽方屬木）。火顯其用則愛乾金（火能剋金），土會蔽金之光，但金又藏於艮土之中。

**【原文】**

**水土金性本下，木火性本巍。**水流就溼土積而載金，重而沉，故曰本下，巍者上也。木漸上，而火性炎上。

**【解析】**

水和土和金的本性會朝下，水會往下流，土和金本質較重較沈會向下壓。木和火的性質會朝上，木向上長，火向上旺。

**四庫案語解：**水流至土為濕土，濕土積多而載金，因此重又向下沈，故稱『本下』（本質向下）。巍，是向上的意思。木漸漸往上長，而火性向上炎燒。

## 【原文】

**沉者得形而上騰，升者期卑而高會。**水得土而木生，是土剋水而生木，木之剋土而上騰，則水土之氣自木而上也。火得水而上為既濟，蓋推五行之氣沉者、升者，皆必以形為用也。

## 【解析】

重而沈下去的物質會藉著其他的物象而上升。已上升的物質會希望自下而升更高。

**四庫案語解：**水入土而使木生出來了，是土剋水（吸水）而生木。木剋土（木冒出土）而向上騰升。則水氣和土氣藉著木而向上了。火得水而向上為『火水既濟』。推算五行之氣是重者下沈，或上升的，都必須以外表形體為真用。

## 【原文】

**以坎為離精玄者能知，易兌作震通鬼神而作旨。**庚申辛酉木在巳申酉之中，亦當作金，或卯人遇三酉之類而可言金，余准此推之，則妙窮造化，但以本納音為用。所謂易兌作震通鬼神而作旨，此也假令丙午水得癸巳月丙寅日戊戌時，巳午木為火之本方，寅戌午之正體，又上下俱火，雖納音為水多變，作炎上之火看，或水多人金在巳午未生而不犯本命支更干頭有氣，亦宜作火看，不可謂之休囚，此所謂以坎為離精玄妙者為能知。

干支爲坎爲水，納音爲離爲火，其中的精妙有人知道嗎？假設易卦中兌金又變作震木，其中又有些天機要旨。

【解析】

**四庫案語解**：庚申、辛酉納音木，在四柱有巳申酉時，亦被當做金來看。或是卯年生人，四柱遇支上有三酉之類的狀況，也可稱之為金局。我准用此推算。其中有無窮的變化，但以原本的納音來看。所謂『易兌作震通鬼神而作旨』，即是假設丙午納音水，而生於癸巳月、丙寅日、戊戌時的人，因巳、午、未為火的本方，是寅戌午之火之正體，四柱干支上下都火，雖納音是水而多變，仍做炎上之火來看。或是四柱水多之金命人生於巳午未月，而不犯本命支，干頭生旺有氣的命格，亦當做『火』來看。不可說其是休囚命衰的。這就是所謂的『以坎為離、精玄妙者為能知。』

【原文】

故以庚申乙卯為夫婦之本宗，子癸亥壬丁馬丙蛇之寄位。此論干祿也，季主所謂先南北之陽，以辨東西之陰，陰祿陽而陽祿陰，金自金而木自木，故金木自然而得專位，水火土從造化，故陽寄於陰而陰寄陽也。

【解析】

庚申、乙卯，天干乙庚相合爲夫婦之體，支『子』中有癸，亥中有壬，午中有丁（馬爲午），巳中有丙（蛇爲巳），皆爲天干寄位。

**四庫案語解：**此句論及干祿。司馬季主先論南北為陽，再分東西為陰，干祿是陰祿屬陽，陽祿屬陰，金從金位而來，木從木位而來，因此金和木自然有專位，水、火、土從其相生為造化，故陽在陰中，而陰在陽中。

【原文】

**勞而不息，驛居病方。**五行支病處而為驛，驛所以休息也。**馬得縱橫更觀乎干，生而不運，以氣建推之。**以申子辰水位處驛為病也，以寅為驛，所謂馬必以氣建者而驛之為馬也，且甲子人正月丙為馬，然不在正月亦自得地位建丙亦是馬，故曰馬得縱橫矣。珞琭子云：見不見之形，無時不有，正謂此也。

【解析】

奔波勞碌不平息的驛馬星，居於寅、申、巳、亥四隅方，寅是水病之地，申是火病之地，巳是木病之地，亥是金病之地，故曰『驛居病方』。

古人論命先論五行，再論祿馬，『馬得縱橫』是指馬要生旺，更要看天干是以月份氣建來推定旺衰，活動力強不強的。

**四庫案語解：**以五行支所代表的病方為驛馬星所在之地。驛是休息之意。

**四庫案語解：**以申子辰『水』位之病位為驛，故以『寅』為驛，這是水之病地。所謂馬必以『氣建』（指月份）而停留為『馬』。如甲子年生人，正月是丙寅，即為『馬』。然而不在正月，自得位置建丙亦是馬，指在他月有丙亦是馬。故曰：馬從縱橫了。《珞琭子書》中說：看得見與看不見兩者之形象，是無時不存在的，正是如此。

**【原文】**

**出五行之外者，生死在乎我，居清濁之內者，存亡從數焉。**凡修德養性煉假守真，靈台內靜反復還元，神游六合之外必造五行之先，則欲生欲死欲隱欲顯，皆由乎我，是謂神仙真人矣。豈由天地鬼神時數所拘哉。此欲人之自修不可專滯乎命，彼生死猶可任，況修德致祥轉禍為福。夫人居清濁之內，皆由情性善惡死生而未能逃五行之數者，何也？蓋未嘗能煉陽純陰，煉陰純陽，雖存念至道，亦不能出於清濁之間，徒自苦形而不逃存亡之數也。

**【解析】**

人之命在五行（金木水火土）之外，是無法論命的，生死無法掌握，故稱『生死在乎我』？清濁指陰陽，在陰陽之中，存亡指生死，『存亡從數焉』指生死由『數』開始。數出自河圖、洛書，也是五行之數或卦氣之數。

**四庫案語解：**凡是修身養性修德之人，腦子內沈靜、內心沈靜，可使身體中之沈濁之氣反復還元，靈魂出竅時，必先以五行居先，則自己可控制自己的露魂，使自己的氣生死顯隱自如。如此可稱做神仙真人。豈會由天地鬼神或時間所拘限。這就是說人要自強不息，不可專信命，其人的生死還可以修德來轉吉祥，把災禍轉為祥福。人生活在陰陽之內，性情起伏善惡好壞及生死旺衰都沒能逃出『五行』之數，是為什麼?都是未能鍛鍊陽氣到純陰，或鍛鍊陰氣到純陽的結果。人雖能心中有至高的道理，但仍不能超出陰陽範圍。徒然煩惱形象，而無法逃出生死之數了。

## 【原文】

**元命勝負三元者干祿、支命、納音身，各分衰旺之地。**三元各分生旺庫之地而為九命，是干祿主三會也。

◎『李虛中命書』詳析

【解析】

人的本命強弱以三元（三命），指干祿、支命、納音身爲三元（三命），人命干支，以天干代表其財祿，地支代表其人本命，干支相生最佳，以納音代表身宮、命宮。這三種統稱三命或三元。要分別分析其是衰、是旺，即是論命。

**四庫案語解：**三元（指三命）再各分，生（長生）、旺（臨官、帝旺）、庫（四庫或祿庫），加起來為九命。這是主祿位，主三會之意。

【原文】

干主名祿貴權，為衣食受用之基；支主金珠積富，為得失榮枯之本；納音主材能器識，為人倫親屬之宗。干為天元祿，故主貴爵衣食之正本也。支為地元財命至此比形立象始終之元，故主貧富運動榮枯。納音為人元身命，故主賢愚好醜形貌材能度量，凡有生則彼我生剋愛憎，故為人倫親眷也。

**【解析】**

天干有天祿，主其人能揚名、財祿、富貴；掌權，也爲有衣食之祿的天生基礎。地支主財富的累積，爲人生富貴得失，及揚名掌枯等興榮和衰權的根本。干支的納音五行主其人的才能、智慧、成不成器與知識水準和容人之雅量。這是和父子人倫、親人宗屬有關的源頭，是DNA的原始本宗。

※虛中論命，以年命干支爲主，後人用『子平法』，以日命爲主，故此也可以日干支來看待。

**四庫案語解：**『干』中自帶天元祿。故為主貴和衣食之祿的本源。支為地元、地支，其中有含用天干，是人之本命，為人元支命。財富和人之命運在此時設立形象，故主其人的貧富、活動力，一生運氣衰旺。納音為五行、為人元之身命，故主其人的聰明智慧，美醜外表，以及才能和性格度量，凡是有生我的、剋我的，則生剋有愛憎，就是人倫親屬、眷屬中之關係了。

## 【原文】

**支干納音之氣，順四柱以定休囚；祿馬神煞之方，分二儀以求勝負。劫災天歲遇用處，不能為凶；祿馬奇舉逢破處，未始為福。**三元五行亦各分四季定休旺之氣。干中所用神煞乃天之清氣，支中所用神煞乃地之濁氣，凡言甚煞各分天地二氣，勝負吉凶支煞自有諸例言。劫災天歲四煞雖凶，若支干配合有用則為福祿之神。祿馬奇舉雖干之清氣，富貴之神，主福祿尊貴，若支神配合為破敗者，則反為貧賤凶害之煞。

**【解析】**

地支中所含用支干和干支納音之五行會依四季之旺氣來分休旺之氣，天干祿位及地支驛馬等神煞之方位，僅分陰陽天地二氣，以求勝負（指盛衰），劫、災、天、歲四神煞遇到可用之處，就不爲凶星了。祿、馬、奇、舉爲主福祿主貴之神煞，若干支配合爲相刑剋破敗的，則反而變成貧窮下賤、凶惡受害的神煞了。

**四庫案語解：**三元（指干、支、納　）的五行有各自在四季而定旺衰，天干中的神煞是以天之清氣（陽氣）設定之。地支中之神煞是以地之濁（陰氣）設定之。所有的神煞分別歸於天、地二氣、旺衰吉凶、各支神煞自有例可尋。劫、災、天、歲四神煞雖凶惡，有其他的干支配合則能成為有用的主福祿之神煞。『祿馬奇舉』等神煞雖是天干之清氣（陽氣），屬於富貴之神煞，主人之福祿尊貴掌權，如果有地支神煞以刑剋破敗相配合，則反為貧困下賤凶惡受害之神煞了。

## 【原文】

**四柱者胎月日時。**三元為萬物之本，四柱乃五行之輔佐，亦猶乾坤之有四時，上有四象，人有四肢，故珞琭子云：根在苗先，實從花後者，四柱有偏枯，則隨所主而論之。

**胎主父母祖宗者十分，主事者二分。**萬物之根本固在我名之先有也。故主祖宗者十分，然而根在物之先，而花實苗之後，雖主事二分，亦當以胎為本氣。

**月主時氣者十分，主事者六分。**月為建元分四時之休旺，故主三元氣用所出十分，是月與時為賓主以輔三元，故主立氣立事十分，是將來臨月份，亦定災福之六分。

日主未得氣者十分，主事者八分，時主用度進退向背力氣勝負皆十分，吉與凶同。日主月內四時向背之氣十分，三元貴賤之氣及胎本共時八分，時主元吉凶及胎月日之氣皆十分，故言吉凶變異勝負之力同等也。

## 【解析】

四柱是以胎元、月、日、時並列來論命（李虛中命法以年命提開另列，不在四柱之內，以『胎月日時』爲四柱，以支干納音之氣，順胎月日時，以觀年命之旺衰強弱。後人以日爲主，較不重視胎元了。）

**四庫案語解：**三元（干祿、支命、納音身）為萬物之根本。四柱（胎月日時或年月日時）為五行之輔助。亦像是天地乾坤中有春夏秋冬四時，再上面有金木水火四象，就像人有四肢（手足），因此《珞琭子》一書中有云：根源先會種下才會長苗，果實是在開花之後才結果實的。人生之年月日時四柱干支五行上會有些吉，有些凶，但會隨著主要的干支而論。（如虛中以年論命，則以年干支為重，子平以日干為日主，則以日干為主來論命之。）

胎元干支是受胎於父母的月份，代表天生遺傳的問題，故代表父母、祖宗對自己之關係好壞佔有應驗命理十分之效果，最重。代表事情發生之機率效果只有二分，較輕。

**四庫案語解：**生物最基本的是在先有了『我』這個生物體先發生著胎。因此胎元會和祖宗有連繫，由胎元就能看到代表祖先的事，然而，祖先是物之根，在物之前就先存在的，而花和果實都在種苗長大之後才產生的，雖然要看代表後來的事，共有二分的應驗能力，仍當以胎元為人之本氣。

四柱月份干支代表出生月當時之氣十分，最重。代表其他相關的事有六分重要。

**四庫案語解：**月份建元要分春、夏、秋、冬四季之旺衰。故主祿、命、身之氣用，管十分效力。這是月份干支與時干支為主從來輔助祿命，身三元的，因此在五行之氣，在事情變化上有十分效應。為將來預測未來月份，可預測有災或福的效應為六分。

四柱日主干支上下不得氣，指有衰氣，主不吉有十分效應。預測事物有八分效應。時辰干支代表預測人錢財用度，做事進退、成功衰敗，不好的事，以及花用力氣，人生成敗等事，皆有十分之效應。好的事與壞的事都是如代表的。。

**四庫案語解：**日干支代表月份內春夏秋冬的向背衰氣有十分效應，代表三元（干祿、支命、納音身）主貴或主賤命之氣與胎元本氣，共占八分之效應。時辰干支代表本命吉凶及胎月日之氣（四柱之氣），都占十分之效應，因此，吉凶的變化，好的和壞的之力量是相同的。

**【原文】**

**九命論互相奔刑，反順生煞，以別源流。**三元四柱祿馬為九命，須遞相往來，取刑沖德合逆順盛衰，以定清濁之理。

**【解析】**

九命是以三元、四柱、祿馬、貴人爲『九命』。論命方法是以此九命相互之間往來關係，是相合，是相背、是相刑剋、相沖煞、相順合，或生煞，來分別旺衰吉凶。

**四庫案語解：**三元四柱祿馬為九命（缺貴人）。須彼此相互分析關係用刑沖、德合、相逆、相順、相生來看旺弱盛衰，以定五行清濁，命理吉凶。

**【原文】**

先看重輕盛衰尊卑逆順，次分彼我緊慢情意，相續干音親義四柱，然不合沖類干頭配合之理。先看三元支干本意，以辨四柱之力，有形視形氣之厚薄，凡化象之有性操用度之遣深，勿論得地不得地，辨尊卑之勝負也。四柱相沖然無配合納音，取賓主保義情親，以定勝負。

**【解析】**

論命首先觀本命干支、納音誰輕誰重、誰強誰弱、誰旺誰衰、先後尊卑、上下、相合相剋等等，其次再分別各個干支彼此間的關係，相合者有情、相背者無情。接著，再看四柱各干支納音相互的關係。

四柱相沖，要看有無納音配合相生的意思，才能決定命運好壞高低。

**四庫案語解：**論命先看三元（干、支、納音）的干支所代表的意義，以辨別四柱中各柱之力量大小，看是金木水火土是那種形氣是多和少，凡是化氣有其本性和可利用的程度有深淺，化氣不能論得地不得地、可用不可用，分辨那一種化氣多，多者為尊，那一種化氣少，少者為卑，以辨強盛（勝）或衰敗（負）。四柱上各柱相沖，要看有無納音相合（配合）的狀況，這是用主要的氣為主，次多的氣為賓，以賓主彼此相親相合的關係，來看論命結果的好壞（定勝負）。

## 【原文】

**大抵年為本則日為主，月為使則時為輔。**年為日之本，日為命主，如君之有臣，父之有子，夫之有婦，國之有王，是胎月生時為主本之扶援，欲得以序相承順也。

【解析】

論命大致以『年』爲本源，以『日』爲主要的命主，以『月』爲可差使幫助日主的條件，以『時辰』爲輔助命主的條件。

**四庫案語解：**年為日的本源依據，以日為命主，就像君王要有臣子，父親有子女，男子有妻子結為夫婦，國家有王上，這些都是以四柱（胎月生時）為主的扶持援助的條件。必須以次序規律排下去，不能相逆。

【原文】

**主本保合未有貧賤之人，時日乖違豈有久榮之理。**主本保合相育為貴，年剋日減力也，日剋年雖主貴氣，亦多迍剝，況日時俱剋於年，乖離尤甚也。

**【解析】**

此指年和日的干支相合、相生，或在三合之中，絕不會有貧困下賤命格的人。時辰和日的干支相刑剋、相沖怎會有長久興榮呢？

**四庫案語解：**『主』是命主，代表日干支，『本』是『年』干支，兩者相保、相合，相生為貴。年若刑剋日干，則無力了。日若沖剋年干支，雖然是主貴現象，但命運多坎坷。何況日和時的干支都沖剋年干支，命運乖離不順的狀況更嚴重。

**【原文】**

**三元入墓日時自旺，雖運併絕逢鬼，鬼亦不能取。**本入墓中卻主相輔，行在旺鄉雖逢併絕更來加身，命雖災而未至死厄。

**【解析】**

三元指干祿、支命，納音都在墓庫（指辰戌丑未）。有日和時的干支本身自旺，雖然運氣在死絕之處，又有惡煞，惡煞不致於害命。

**四庫案語解：**年干支入墓中，代表年干支為辰、戌、丑、未年。都對人有相輔之意。運走在旺處，雖然有死絕之氣來併，或有煞入局，納音相沖，命運雖有災禍，但不會死。

**【原文】**

**四柱集旺運逢於祿馬，祿馬無用。**三元四柱俱到旺處，或生時又使過，若曾發祿於閑地，雖逢祿馬而必災。

## 【解析】

四柱干支皆主臨旺，指四柱之氣皆強壯，行運再逢祿馬，馬是氣值沖動爲『馬』，祿是『臨官、帝旺』之氣。四柱有強旺之氣，再有祿馬會相沖，自然祿馬無用了。

**四庫案語解：**三元干祿、支命，納音身與四柱皆在居旺之處，或出生時辰又幫忙居旺，如果曾在月份上有祿馬、雖逢祿馬而必有災，因為馬是『對沖』為馬，有『祿馬』必有沖剋不吉，則必有災。

## 【原文】

**過與不及游移顛倒，氣數中庸應期而發。**五行喜剛柔得中，三命忌盛衰太過。

【解析】

三命干祿支命、納音皆不喜旺弱太超過，喜中庸之道，也不喜分散、支干相剋顛倒，五行之氣須在中庸之地，則有發旺之時。

**四庫案語解：**五行之氣要強弱剛柔陰陽適中，三命干祿、支命，納音身不可太過份居旺或太衰絕。

【原文】

**方信陽唱陰和，須分干正支邪。陰靜陽從，更忌祿衰鬼旺。**如乙酉得甲辰，雖天地合卻甲畏辛，見乙畏酉金，火畏死地逢子也。又如戊逢癸亥，是干正支邪，戊午丙子支正干邪，然水火陰陽相合，則不如干合為正也。又如丙辰見申為祿衰，土逢壬為鬼，丁人見乙卯癸卯之類。

**【解析】**

陰陽相合，陽爲主，陰相合之，須分別天干爲主，地支爲副。屬陰的干支較不動，屬陽的干支容易相合上去，更忌諱干祿衰絕，官鬼相剋的卻昌旺，如此就刑剋重了。

**四庫案語解：**例如乙酉遇甲辰，雖天干地支相合，但甲怕辛官，乙怕酉，金也是官鬼，火怕在死絕之地又逢子（官鬼），又例如戊逢癸亥，戊癸相合化火，但與支相剋，是『干正支邪』。戊午和丙子是『支正干邪』。子午相沖合。然而水火陰陽相合，不如天干相合為正統。又例如丙辰見申為祿衰，丙火至申為病衰，土逢壬為鬼官。丁見乙卯（納音水），癸卯（納音金）。一是水火相沖擊，一是丁剋金，皆鬼旺之災。

【原文】

必死有生，凶中反吉。如庚子見丁卯，死而得生。甲子見戊寅，凶中反吉。

【解析】

在干祿支命納音之中，有些是看起來必衰絕、死絕，但有生機，有些是看起來凶惡，但其中有轉吉之象。

**四庫案語解：**例如庚子見丁卯，天干丁剋庚，地支子卯相刑，但納音丁卯火會生庚子土，故『死而得生』了。又如甲子見戊寅，天干甲剋戊，甲子納音金，戊寅納音土，土能生金，故『凶中反吉』。

◎『李虛中命書』詳析

【原文】

旺衰之理審量生剋，輕重之名須識向背。三元旺地畏忌衰處，好生須臨時審其輕重，如壬申癸酉本重，壬寅癸卯本輕，卻取輕重扶持為用，始分向背之力氣。

【解析】

命格干支旺衰，是由相生、相剋來審量的干支五行，陰陽旺弱輕重須先看是否有不合及反背的地方。

**四庫案語解：**三元（干祿、支命、納音身）在居旺處，最怕其他干支有衰絕，會損力氣，須臨時客核其旺弱輕重。例如壬申見癸酉，天干皆壬癸，申酉為金，會生水，兩干支之納音也為金，故稱『本重』。如壬寅、癸卯，天干皆壬癸水，地支寅卯為木，木會吸水，對水不利，故為『本輕』。要取干支幫助扶持有多少，才能分出有助力氣與無助向背之力氣。

【原文】

輕得地而可敵重衰，重無地而制之輕敗。如土制水，則丙辰丁巳之土，能制丙子癸亥之水也。壬申癸酉之金雖重，卻遇戊子己丑丙寅丁卯之火，雖金重亦受制於火，蓋火向旺金絕方也。

【解析】

干支五行相旺、輕的，在得地之位的，可戰勝嚴重的衰敗死絕。五行之氣偏重至極，但可用相剋之關鍵輕鬆的將之刑剋至衰敗。

**四庫案語解：**例如土會剋制水，則『丙辰、丁巳』納音土能剋制『丙子、癸亥』納音水。『壬申、癸酉』納音『金』，雖為重金（強金），但遇到『戊子、己丑、丙寅、丁卯』皆納音『火』之火，雖金重仍被火剋，這是因為火在向旺之方，而金在絕方之故。

## 【原文】

**各衰各旺，輕重自然。**如辛卯見癸酉，戊午見丙子，乃旺處相敵，支氣不比卻有相敵為變化發揚也。甲寅水見庚午、辛未土力氣各衰，水土和柔則有化育之道矣，餘准此。

**守凶煞者在其尊者制其卑，生剋交加，應得先者令其後。**吉神凶煞四柱先後干神可制支煞，更分生剋之理。

**五行相敵，二凶一吉。**五行相敵，輕重相等，遇鬼二則為凶，一重為鬼，猶凶中反吉。

**復以輕重之理，方得貴賤之原。**須以六十納音支干輕重取衰旺制度，方定貴賤也。

**至如體輕用重不免漂沉，本重末輕廣謀自勝，主客從容優游享福。**如庚午辛未土本輕也，見壬戌癸亥丙子之水，是本輕用重反散流也。辛未年，壬辰月，甲申日，甲戌時，此正應體輕用重之格，如庚子辛丑土見癸巳乙卯，是本重廣謀自負之人也，五行主客輕重等，以制用有法，水土和柔，金火平適則康寧。

## 【解析】

干支納音各有衰敗、各有旺壯，會自然分輕重。

**四庫案語解：**例如辛卯（納音木，旺木）見癸酉（納音金，旺金），戊午（納音火，旺火）見丙子（納音水，旺水），都是在旺處相沖。兩兩地支相沖，反而有變化發揚之勢。甲寅納音水，見庚午或辛未（納音土），是各在衰處相剋。這就形成水土和柔的相剋，反而有化育生物的功能，其他的也是此意。

在干支上有凶煞之神的，在四柱前後天干之神可制支煞，指上者天干可制下者地支。四柱中有相生的及相剋的干支時，應以相生爲主，以相剋的爲後。

**四庫案語解**：有吉神凶煞在四柱之上，則可以先柱（年柱、月柱）、後柱（日柱、時柱）之干神（天干）來制地支之神煞，並且更要分辨相生、相剋的脈落道理。

五行相敵對（相剋），有二凶一吉。遇一重鬼（官煞）爲凶中帶吉，有二重官煞（官鬼），剋制太過，才爲凶。

**四庫案語解**：五行相敵對，輕重相等、強度一樣，遇鬼官二個才為凶，遇一重鬼官，是凶中反有吉。

『復以輕重之理』，是指以納音來取旺弱，論輕重，才能知道富貴或貧賤的根本。

**四庫案語解**：必須以六十納音支干的旺衰制度來取命格輕重，才能判定富貴窮通之事。

例如納音干支衰弱本體輕的與有體重（較旺）的納音干支相見，容易漂浮沈沒。如果納音干支旺爲『體重未輕』，其人會多謀自負。如果納音干支平和，無刑剋，其人會是態度優閒享福的人。

**四庫案語解：**例如庚午、辛未（路旁土）是輕薄的土，為本輕。見壬戌、癸亥（大海水）、丙子（澗下水），是本輕用重，反而四散而流。土不能做堤防。。又例如辛未年（路旁土），壬辰月（長流水）、甲申日（井泉水）、甲戌時（山頭火），這就是體輕用重之格。因辛未是薄土，體輕之故。又例如庚子、辛丑（壁上土）、見癸巳（長流水）、乙卯（大溪水），則是本重廣謀（多謀）自負的人。因庚子、辛丑土在旺位，為本。五行以年干支為重，再看其他干支的旺弱輕重，以能制用及有辦法制用為佳，水和土能彼此和順，金和火也能不相剋嚴重，則命格一生安康安祥。

## 【原文】

水得水多，則沉潛伏溺，小巧多權，苗而不秀，聲譽汪洋。然而富貴則無變通，而勢不崢嶸矣。

水得火多，則崇禮貪饕，自恃深慮多憂猛斷後悔。水遇火多，其性如此，不妨名利也。

水得木多，則流而不止，執志反柔，臨事汗慢，奢儉失中。水生木木剋土，土散而無止故此情性也。

水得金多，則本末常安多得資援，好義不實智大多淫，智勝義負則性靈強。水得土多，則沉靜執塞，內利外鈍，忍妒多恨，信義無決。此論五行之性不取神煞論也。

**【解析】**

**◎命格為納音屬水，而其他干支也納音多為水的命格，則**氣勢易沈潛如溺於水、多權謀而格局小，虛有其表，不吐花穗，名聲美譽如同丟在汪洋大海之中。

**四庫案語解：**然而富貴無法變化通順，人生運勢無法高峻出頭。命格為納音為水，而其他干支納音多為火的命格，則崇尚禮儀好貪財（饕：貪財）。自己仗著自己會深謀遠慮多擔憂而做事武斷，造成後悔。

**四庫案語解：**格納音屬水，遇火多，其性格就是如此，跟名利無關。

**◎命格為音為水，而其他干支納音為木多的命格，**則水流會不止，固執己見，遇事又懦弱沒主見，有事則拖拖拉拉，一會兒奢華，一會節儉，該省的不省，不該省的又吝嗇。

**四庫案語解：**命格中納音為水見木時，木會剋土，土散而水不止，故有此性格。

**◎命格為納音為水，而其他干支納音為金多的命格**，則命主本體及上下會安穩，其人一生能得到很多資財援助，其人講義氣但不實在，智慧高，但好淫多色慾。智慧高無義氣，則性格靈活精神面較強。

**◎命格為納音為水，而其他干支納音為土多的命格**，其人則較沈靜穩重，但固執彆扭、愚塞，內心如刀利，外表愚鈍，內心能忍耐嫉妒，一心多恨事，決不講信義。

**四庫案語解：**以上是專論納音五行之性質，不是以神煞來講的。

## 【原文】

火得火多，則崇禮義泊，明外昏內，自華而儉，既旺即己，不可速達。火星暴而無制，福至則禍來連。

火得木多，則自恃威福，聰明志懦，動思依輔，靜則志明，好辯是非。仁與禮不足雖和而多忘。火得金多，則志不自勝，好辯而剛，禮義失中，直而招謗。火金兩強，故多剋辯。火得土多，則立用沉密，利害敢為，言清行濁，執不通變。火絕得土，土蔽火光，故所適不變利。火得水多，則為德不均，巧而忘禮，多易多難，摭取艱險，計深反害。水火未濟，多智多傷。

**【解析】**

**◎命格為納音屬火，其他干支為遇火多時**，則其人會崇高禮儀、講義氣、外表明智，內心昏庸，自己過奢華生活對人節儉，火已太旺，凡事不可求太快。

**四庫案語解：**火星是暴烈而無法制約的，有福來臨則有災禍相連。

◎**命格為納音屬火，其他干支遇木多的命格**，則自己靠著有一些福氣權力，本性聰明但性格懦弱，一想活動做事就想找依靠、靠山，靜處時智慧清朗、性格清明，爲人好辯論是非。

**四庫案語解**：此命格的人是不講仁術和禮儀的人，性格雖溫和但多忘義。

◎**命格為納音屬火，其他干支遇金多的命格**，則智慧不如自己覺得的那麼好，但好強辯性格剛直，禮儀和道義不夠公平，性格剛直而招致毀謗。

**四庫案語解**：命格中有火和金都很強，因此多刑剋好強辯。

◎命格爲納音屬火，其他干支遇土多的命，則做事想法很陰沈，小心緊密，大膽敢爭權奪利，嘴上說的很清高，做事很暗濁，易做不法之事，固執不知變通。

**四庫案語解**：火在絕位又有土多的命格，土會蓋住火光，故所做事的對自己不利。

**◎命格為納音屬火，其他干支遇水多的命格**，則德行不良、機巧而無禮儀，一生運氣起伏大，一會兒成功、一會兒失敗，是在艱難險惡中生存，用計謀深，但反害自己辛苦又不一定成功。

**四庫案語解**：此命格是『水火未濟』，多刑剋，故智多而多受傷害

## 【原文】

木得木多，則柔懦泛交，曲直自循，多學不實，聰明華潔。木主仁柔，色以表形。

木得金多，則剋制憔悴，剛而無斷，靜思悔動，譽義不常。義勝於仁，反客於心。

◎『李虛中命書』《卷中》原文及解析

◎『李虛中命書』詳析

木得土多，則取舍自信，華而不奢，體柔伏剛，言必鑑人，智不自勝。仁輕信過，無禮節也。

木得水多，則漂流不定，言行相違，處吉不寧，趨時委曲。木華水智，故多順取。

木得火多，則馳騁聰明，好學不切，禮繁義亂，明他害己，善惡決發。火得木而熾，木無以自容。

## 【解析】

◎**命格為納音屬木，其他干支再遇木多的命格**，其人性格懦弱柔軟、交友隨便，性格起伏不定，是非曲直不定性，多好學不實在的東西，學習力也不長久，是聰明外顯的人。

**四庫案語解：**命格為木，則至仁愛、柔軟，喜怒表現於外表之上。

**◎命格為納音屬木，其他干支有金多的命格**，則自我剋制太過，形容憔悴，性格剛直但不堅決，喜歡思考，常後悔先前的決定，其人的名譽和道義的事都做不長久。

**四庫案語解：**此命格重義比重仁強，但內心都對仁義吝嗇付出。

**◎命格為納音屬木，其他干支有土多的命格**，則做事取捨多報有自信，行爲高尙華麗但不奢侈，身體、動作柔軟，能降服剛強者，對人說話必講信用，有智慧但不驕傲。

**四庫案語解：**此命格是講信用超過講仁義，是無禮節的人之命。

**◎命格納音屬木，其他干支有水多的命格**，則性格如水東漂西流不穩定、言行不一、口是心非，即使身處吉祥也會心不安寧，趨炎附勢，又委曲求全的過日子。

**四庫案語解：**命格中是木旺人滑頭、水多人多智慧，因此其人多順勢而攫取自己想要的東西。

**◎命格納音屬木，其他干支有火多的命格**，則好逞強、自認聰明、好多學，但不切實際，也未必學得好，重繁文禮節，不重仁義，光顯別人貽害自己，善惡報應之事，一定會爆發。

**四庫案語解：**此命格是火有木相生而火熾烈，木被燒掉、不存在了，故曰『木無以自容』。

## 【原文】

金得金多，則剛直尚勇，見義必為，過不自知，忘仁好義，思禮好勝。金重欲火故思禮。

金得木多，則辨分曲直，利害兼資，置德懷忿，朋友失義。仁義相伐必有所失。

金得火多，則口才辯利，好禮忘義，動止寬和，中心鄙吝。火勝於金有義禮也。

金得水多，則計慮不深，為人無恩，臨事齷齪，或是或非。水重金藏，多計無剛。

金得土多，則失中有成，口儉心慈，作為暗昧，多處嫌疑。金蔽土中，則求之者成。

【解析】

◎**命格是納音為金，其他干支為金多的命格**，則性格較硬、剛直、好爭強鬥狠之勇。喜見義勇爲，有過自己不知道，缺仁心但好義氣之事，想要講究禮儀，但內心又好勝心強。

**四庫案語解：**命格中五行金太重，又有火剋，故會想到禮儀之事。

**◎命格是納音屬金，但其他干支為木多的命格**，其人性格喜分辨是非曲直對錯，利與害會兼顧，容易不知好歹，心懷忿怒心，朋友常不義。

**四庫案語解：**仁義相互剋伐，必有所傷、失德。

**◎命格是納音屬金，但其他干支為火多的命格**，則其人口才好，好犀利的辯論。有禮儀但無義，外表行爲舉止寬厚平和，但心中是卑鄙小氣慳吝的人。

**四庫案語解：**此命格中，火旺於金的狀況，是有義遵禮的狀況。

**◎命格納音屬金，其他干支為水多的命格**，則其人是計謀思慮不深不周到，對人無恩無義，做事骯髒，一會爲是，一會爲非，不穩定。

**四庫案語解：**此命格是水太旺會洩金，金被藏住，故為計謀多，但無剛強意志力的人。

◎**命格是納音金，其他干支為土多的命格**，則其人會在失敗中有成功的事，口上不說好聽的話，但內心仁慈，其做事會暗昧不磊落光明，常常會懷疑別人。

**四庫案語解：**金被土掩蓋住了，金會生土，則要求他會有成功機會。

## 【原文】

土得土多，則重厚藏密，守信容物，或遭毀謗，恩害敢為。土

雖守信，深厚難知。

土得金多，則信而好義，剛而多躁，不能持重，庶事無容。金

土爭麗，兩不自持。

土得木多，則形勞志大，雜好狂徒，用柔爽信，曲直黨情。木

剋土則信虧。

土得火多，則施義忘親，外明少斷，奢儉失中，好禮口惠。土

◎『李虛中命書』《卷中》原文及解析

得火助，信以所毀。

**土得水多，則貪功好進，汎順伏機，志善若昏，愛惡無義。**土雖剋水，水多則土失信。

**【解析】**

**◎命格納音屬土，其他干支為土多的命格**，其人則性格厚重、穩重，內心藏滿秘密。能信守信用，內心寬容度人，能容人。如果遭到毀謗，報恩或報仇都是敢做敢當的。

**四庫案語解：**此命格的人，本命土雖能守信，但內心險惡無法讓人弄得清楚。

**◎命格納音屬土，其他干支為金多的命格**，其人則守信又講義氣，性格剛直暴躁、不穩重，內心狹小，連小事都難容。

**四庫案語解**：此命格為金和土都爭著表現，兩者都不自重、不穩定。

**◎命格納音屬土，其他干支為木多的命格時**，則其人會外形身體很勞碌、心懷大志，喜好繁雜，爲自大狂妄之徒，用柔軟的技倆，但會失信於人，重情不重理，也不分是非黑白。

**四庫案語解**：此命格為木剋土，土是本體，又代表信用。受剋則信用有污點。

**◎命格納音屬土，其他干支為火多的命格**，其人則對別人講義氣，但對自己親人不好，外表精明缺少決斷力，生活好奢侈好節儉不一定，沒有標準，好禮儀，實則只口惠實不惠。會對自己大方，對別人小氣。

**四庫案語解**：此命格中，土得火助（火生土），會毀了信用。

◎命格納音屬土，其他干支為水多的命格，其人則喜爭名奪利、激進、貪心、喜捨一些暗伏的機會，喜投機取巧、撿便宜，想法是好的，但像昏愚之人，對人無義，喜愛邪惡之人事物。

**四庫案語解：**此命格中，土雖能剋水，但水多土就會失信。（土被沖散了）

**【原文】**

誠能以此更分輕重，明作為之性情消息，盈虛依於禍福，然後為能言以前五行多寡論性情，而復推禍福正氣無刑。如庚祿在申氣當用甲，如諸位中不見庚之刑甲，或他位見甲，即為無庚是也。

**【解析】**

如果能用以上的重點來分輕重、辨明命格中之作爲，則其人的性情好壞之消息，是禍是福都依賴運氣好壞。然後再講以納音五行中每種五行之氣所佔分量多與少來論其人性情。而可推測出代表禍福的本氣有無受到刑剋。

**四庫案語解**：例如庚祿在申，氣當用甲，庚剋甲，甲是庚之財，如果其他干支上沒有庚刑甲，或其他干支上有甲，就是命格中無庚。

## 【原文】

**名背之半**不見正祿，如得巳而無乙，亦是所謂得一分三之說，雖背正祿必為福。

**馬無害，祿無鬼，食無亡，支合無元干，祿無厄。**如甲子得丙寅為馬，見壬午及水在丙寅六合破刑之上如不見正氣，卻見他干在祿位上，其祿干亦要無鬼也。倒食順食皆要無空亡亡神也，支神名合要無元辰，十干合處要無六厄。

◎『李虛中命書』詳析



四柱干支不帶祿，本命干支也不生祿，謂之『名背之半』。

## 【解析】

**四庫案語解：**命格中不見正祿，例如支上有巳，而天干無乙，也是所謂本命要分干祿、支命，納音身。雖無正祿，也必有福在。

馬無剋害來相刑，祿無鬼官來相刑，食神不犯空亡、亡神，四柱地支相合，要無元辰沖破，天干祿要不逢六厄。

**四庫案語解：**例如甲子得丙寅為『馬』(申子辰人馬在『寅』)，四柱其他干支上有壬午及水與丙寅形成『六合』，又在破刑之上(甲子納音金、丙寅納音火，壬午納音木，金火相破，木金相刑)。如果沒有金之正氣(甲子為主，納音金)，卻有其他干支之天干在祿位上，其祿干也要無剋害才行。倒食梟印及順食為甲食丙、乙食丁之類，都要無空亡、亡神才行。地支相合，要無元辰（元辰又名大耗）、十天干相合時無六厄（為咸池對沖，火見酉，金見子水，木見午，水見卯，即是六厄）。

【原文】

旺無喪，衰無吊，妻無刃，財無飛，孟無孤，季無寡，生無動，死無敗。如癸丑木命不要卯，此則旺無喪。如壬午木命不要辰，此則衰無吊。陽制陰為妻不可在羊刃上，故妻欲無刃。命後四辰曰飛廉，我剋者為財不可犯之。四孟之人不得見孤辰在命，四季之人不得見孤宿在地。長生處要不值劫煞，如乙巳丁酉乙丑見寅是也。死處忌見八敗沐浴金神。

【解析】

本命干旺時，地支不可逢喪門星，本命干衰時，地支不可逢吊客星，干支陽剋陰爲妻，不可在血刃、羊刃上，命中財祿不可逢飛廉（地支神煞），四孟之人（寅、申、巳、亥生人），不可有孤辰（地支神煞）在命中，四季（春夏秋冬四季）生人，不能地支見寡宿，命在長生之處，要無劫殺沖剋，本命在死絕處不能有沐浴、敗星。

**四庫案語解：**例如癸丑納音為木命，不能有『卯』在其他干支上，無『卯』則稱『旺無喪』，例如壬午納音為木命，不能有『辰』在其他干支上，無『辰』則稱『衰無吊』，干支上陽剋。干支上陽剋制陰為妻，不可有羊刃、血刃。故陰支要無刃，支命後四位為『飛廉』，我剋之物為財（相剋為財），不能犯飛廉，否則多是非災禍，不進財。本命為寅、申、巳、亥四孟生人，不能有孤辰在命，春夏秋冬四季生人，不能有孤寡之宿在地支上，命干支在長生之處，要不逢劫煞，例如乙巳、丁酉、乙丑見『寅』（乙、丁之劫煞在『寅』）。命干支衰弱死絕時不可見沐浴屬金之神煞。

# 地支神煞起例

| 星名／生年 | 喪門 | 吊宮 | 陽刃 | 血刃 | 飛廉 | 孤辰 | 寡宿 | 劫煞（殺） |
|---|---|---|---|---|---|---|---|---|
| 子 | 寅 | 戌 | 甲卯 | 戌 | 申 | 寅 | 戌 | 巳 |
| 丑 | 卯 | 亥 | 乙寅 | 酉 | 酉 | 寅 | 戌 | 寅 |
| 寅 | 辰 | 子 | 丙午 | 申 | 戌 | 巳 | 丑 | 亥 |
| 卯 | 巳 | 丑 | 丁巳 | 未 | 巳 | 巳 | 丑 | 申 |
| 辰 | 午 | 寅 | 戊午 | 午 | 午 | 巳 | 丑 | 巳 |
| 巳 | 未 | 卯 | 己巳 | 巳 | 未 | 申 | 辰 | 寅 |
| 午 | 申 | 辰 | 庚酉 | 辰 | 寅 | 申 | 辰 | 亥 |
| 未 | 酉 | 巳 | 辛酉 | 卯 | 卯 | 申 | 辰 | 申 |
| 申 | 戌 | 午 | 壬子 | 寅 | 辰 | 亥 | 未 | 巳 |
| 酉 | 亥 | 未 | 癸亥 | 丑 | 亥 | 亥 | 未 | 寅 |
| 戌 | 子 | 申 |  | 子 | 子 | 亥 | 未 | 亥 |
| 亥 | 丑 | 酉 |  | 亥 | 丑 | 寅 | 戌 | 申 |

## 【原文】

**火無水，水無土，土無木，木須金，金須火。**火無水降亦能自潤，水無土壅莫不成流，土無木制曠野安然。木須金剋可以成材，金無火鍛，不能成器。

**體重須鬼，祿輕須官，刑雖全，敗雖孤，夫須尠，妻須倍，吉須顯煞，凶須沉昧，天盤須會，地帶須連。**五行本重須鬼損裁。祿輕須官，如甲人祿位雖辛亦貴。四柱之刑各須全見，八敗之地不畏本氣在孤病。夫須尠者己不可見甲眾也。妻須倍者甲見己在旺地也，五行在吉神方須顯然見其清氣。凶位見五行須得凶煞沉昧，斯能無害。甲丙庚壬須左右朝揖是天盤須會也。亥子丑寅卯須交連左右，是地帶須連也。

**【解析】**

命格中本命爲火要水來降溫補氣，如果沒有水則乾枯至死，本命爲水若無土制做堤防，導水入流，則不佳。如果本命是土，無木剋，則頭腦昏庸、智力不開。如果本命是木須金來伐木使之成器。如本命是金，須火剋煉使之成材成器。因此相剋並不是不好的。

**四庫案語解：**火沒有水降溫，不能得到滋潤。水沒有土做壅（做堤防），不成河流，土無木來剋制會成粗野鄉人過一生。木須要金來剋伐可成材做用具。金無火鍛煉，不能成器具。

本命干支體重生旺的，須有鬼煞來相剋制。命中財祿輕的，要官星來剋制，四柱刑沖雖然全有，八敗沐浴之地雖在孤病之處，『夫須尠』指陽干須少，只須一官一殺。『妻須倍』，指吉神在旺地。五行吉神須旺於煞氣。凶煞須沈靜不動，『天盤須會』指天干上有甲丙戊庚壬須左右朝揖，天干之天德、月德貴人須二干合起更吉。自年到時爲順排。『地帶須連』指亥子丑寅卯須相連，指『地支連珠』或有天乙貴人、文昌貴人在地支三合、三會連起更佳。

**四庫案語解：**五行本命重須有鬼煞損之減裁之，才能成材。天祿少的須有官來管制。例如甲年生人其祿位在辛，亦主貴。四柱之上刑沖，須全出現，八敗之地不怕本氣在孤寡、病絕。『夫須尠』指『己』不可見『甲』多，甲為夫，己為妻，『妻須倍』指己在旺地，甲見之。五行在吉神方位須顯現其清氣，五行在凶位，須沈靜暗昧不動。才能對命格無害處，天干上之甲丙庚壬須左右朝揖是『天盤須會』，亥子丑寅卯須左右相連，是『地帶須連』。

## 【原文】

**干全順則為清，氣完和者為貴。**如甲乙丙丁戊為十干全，須歲胎月日時順，則為清，如水在申子辰中，或在亥子丑中制用，氣完乃為貴。

**陰附陽帶歲則富貴，陽合陰背本則虛浮。**陽支互合，陰干不來朝命，及本向衰則無有用也。

**應凶觀空而無空，旺相得空而尤利。**應煞害刑在空亡無合動不為凶也，旺相處明暗合，或逢天月德見空亡亦吉。

**至若空亡有用，賴虛中而有應。**大響之有聲，莫非中虛也。至若鐘鼓之聲，虛中則擊而鳴遠，若實之則不應。是以大人之命，要虛中德必居空，空自旺有用，乃有大聲之應器也。

**庫中鬼勿取生旺繼衰殃。**當生旺者，更引旺處福與禍併庫中之鬼，如甲見辛未，金見己丑。

**【解析】**

命局中須年胎、月、日、時之天干，爲甲乙丙丁戊，順著則爲『清』。納音五行之氣，要相合爲貴。

例如命局爲納音水而地支爲申子辰，則爲『氣完和』，或地支爲亥子丑（北方水），亦可爲用。

**四庫案語解：**例如甲乙丙丁戊等為十干全，須歲（年）胎、月、日、時皆順排，則為『清』。例如命干支納音水，地支須為申子辰或是亥子丑才行，水氣至水局或北方水方為『氣完和』為貴。

陰陽相合在年干支上則富貴，陽支相合，陰干不合相剋，則本命就虛浮無用了。

**四庫案語解：**陽干相合，陰干不來合，及本命納音衰絕，則命不佳，無用。

相應凶煞（害刑的神煞）落在空亡，只要無『相合』，不動就不會為不吉，本命在旺相位又有『相合』、『暗合』，或逢天德、月德，又見『空亡』也是吉。

**四庫案語解：**相應劫煞六害，三刑落在空亡，無相合，驛馬之動不為凶。相應在旺相處，再有明合、暗合，或逢到天德、月德，再見空亡也為吉。

如果空亡要有用，要靠如鐘鼓虛穴中有聲應之才行。

**四庫案語解：**若要有響聲，除非中空才行，就像鐘鼓之聲，鐘鼓中空，敲擊則鳴聲很遠。若鐘鼓內硬實有物，則敲不響，故大人君子之命，要虛心以德必內心空，清高、道德清高才會名聲旺而有用，這就是有大聲能應成器之意。四庫（辰、戌、丑、未）中之相剋之鬼，不能讓其生旺，否則有衰敗災殃。

**四庫案語解：**本命生旺時，會更招旺處福與禍和庫中之鬼合併。例如甲見辛未（土）、金見己丑（火）。

***辛未、己丑、地支在四庫，又剋天干為鬼，故稱『庫中鬼』。**

# 李虛中命書詳析

## 【原文】

**木本離而化薪，金趨坎而育水。**木見火多或木重運至離宮，則化柴薪也。雖金生於水，然子勝而母負也。

**水有火，火有金，金有木，木有土，土有水。**如壬中有丁，丙中有辛，庚中有乙，甲中有己，戊中有癸。

## 【解析】

木至火宮而化爲柴薪被燒掉，金朝向坎（北方）而生水。

**四庫案語解：**木見火多，或本命木旺，行運至火運，則化為柴薪，被燃燒掉了，雖金生於水，但子旺而母衰。

水中有火，火中有金，金中有木，木中有土，土中有水。

**四庫案語解：**例如干支中壬中含有丁火，丙干中含有辛金。庚干中含有乙木，甲干中含有己土，戊干中含有癸水。

## 【原文】

**干備而祿備，命成而財成，身有地而官行貴賤，自此而見矣。**

干為天祿要正氣而有地備足貴扶之類。支為命，納音為身，身命順旺財在中也。又能先論納音輕重，而分干祿命財，更身有命則貴可知也。

**祿為君子之性，命為定性，身為用性，時納音為居性。**言性則可至命祿主貴，故為君子之性，支為定局，取其屬以見人之定性。納音主財能器，為用性也。有時則三元之氣備，所以見人居止動靜，情性也。

**【解析】**

天干自有天祿爲干祿，要具備居旺之氣，故曰『干備而祿備』。『命成而財成』是指『支』爲命，也要有貴扶之氣，要承續天干之氣，自然財祿多成。納音爲身在旺地，而人生成就主貴或主賤（無成就）就可看出來了。

**四庫案語解：**天干為干祿要有正氣，而有地支要備足貴扶之氣。地支為命，納音為身，身命皆旺，財在其中。要先論納音旺弱，再分干祿支命之財，更加身有命（納音能生助地支），定能主貴。

天祿能主貴命，故爲君子之性情，地支爲本命，主其人之本性爲已定見之性情爲定性。納音身爲用性（指才能器用之能力），時辰上之納音爲居性（主其人舉止動靜）。

**四庫案語解：**此言人之性情，干祿為本命祿，可主貴，故為君子正派之性情，支為命為已定之局，屬於本人專屬已成之性情。納音身主才能器用（智慧）之可用之性情。有時三元（指祿、命、身）之旺氣皆具備，這就可以看出其人舉止動靜與真的性格情緒發展了。

## 【原文】

**貴氣無地，賤生貴中，本賤有時貴生賤內。**本於日時上旺相保和，卻得貴氣來，時上衰敗始貴終賤。四柱落在貧賤氣中，而時運在旺方逢時之貴氣，賤中反貴也。

**貴絕處觀殃因貴、賤中亡，賤臨貴鬼旺、賤向貴中死。**貴備之氣至絕處，更帶鬼，雖貴人死於終賤，主本賤臨鬼旺而有鬼氣來承，雖賤而後亦貴。

【解析】

四柱中年歲、月份干支主貴，但時上衰敗死絕，為『貴氣無地，賤生貴中』，會始貴終賤。如果本命衰絕主賤，而生時及運行旺運，又逢貴氣，則是『賤中反貴』。

**四庫案語解：**本命於日和時上有土旺相合有貴氣產生，但時上又衰敗是『始貴終賤』。如果四柱皆落於衰絕之中，而時和運在主旺之氣中，又逢貴人，是『賤中反貴』的狀況。

貴人在衰絕處看所遭之災，會因無貴人而在貧賤中衰亡。本命低賤若有主貴的官鬼來臨（貴人與鬼併），本命雖賤，仍會在主貴的運程中衰亡。

**四庫案語解：**貴人氣到衰絕時，更帶鬼（煞），雖貴人死於低下貧賤之運氣。本命低賤，有鬼旺（相剋之煞氣），並有鬼煞來承接，是貴人與鬼併，因此會初賤而後主貴。

【原文】

**支干太和而塞，夫婦失時而凶**。五行支干納音專位相和則蹇剝，如甲子逢己巳，在秋生，又見甲午沖命，兩金克己巳木也。

**三元有地而貴，四柱遞合而崇**。三元俱有用，得地必富貴清顯，胎月日時交互相合而朝命，即是崇貴相輔、清顯之命也。

【解析】

干支相合而不通，相合為夫婦，但失時（不在時序上），時間不對，就會凶。

**四庫案語解**：支干為五行納音之專位，天干相合，地支亦要合，否會阻塞不通運蹇，衰剝、刑剋。例如四柱是甲子金逢己巳木，在秋天。又見甲午金來刑沖本命，是兩金皆剋己巳木，故為凶。

三元（干祿、支命，納音身）在得地的主旺的位置而必有富貴之命運。四柱（指胎、月、日、時）相互相合，而其人有地位崇高的機遇。

**四庫案語解：**三元都居旺在有用之地，必定有富貴清顯的貴命。胎、月、日、時交互相合而朝向命主（年干支），就是地位崇高主貴，能得到輔助為高官貴胄之命了。



## 真假邪正

**【原文】**

變通拙而蔽於神，執一明而瞽於衆，辨明真假消息盈虛。陰陽無形為道至妙，須在智識變通為比，察觀真假消息盈虛，則靈於神明。

**守位則正，失方則邪。**如甲寅乙卯在亥卯未乃得正體，若居巳酉丑之方，謂之失位，他皆倣此。

**陰生陽死，逆順相因。甲氣申方，乙絕酉位。**四時一陽生六陰死，然陽道行左，陰道行右，如甲乙皆木也，甲陽生亥而順行，至午則死。乙陰在午而逆行，至酉為絕。

**子為天正，歲時始於一陽。寅為地首，陽備人興於甲。**建子之月一陽生焉，是為歲首，則一日建子，子時當為一日之首。建寅之月草木甲拆則陽氣備歲時興，建寅之時則人興，寢日事始非天道之始為地首矣。

【解析】

論命要知道變化無窮，要有智慧變通，不要被某些神微細小之事蒙蔽了。或是固執某一道理而瞎眼看不見許多重要的機象，要察明分辨那些是虛、是實、是真、是假的消息資料。

**四庫案語解：**陰陽為無形之物，有巧妙之理，必須有智慧知識來變通評比，並觀察其內部五行的含意消息之多少，則能感應於神明而得知全部。

『守位則正』是指木在木位（指寅卯或卯亥未之位），金在金位。『失方則邪』是指木不可至金方（酉方）或巳酉丑方，爲失位，會相剋不吉。

**四庫案語解：**例如甲寅、乙卯在卯、未得正體，為木體，是『守位之正』。如果到巳酉丑之方去，則為『失位』。其他也仿此。

陰氣生，陽氣就會死絕，太極陽氣左旋，陰氣右旋，爲逆順相因。甲木之氣在申（金）方爲死絕。乙方之氣在酉（金）位爲死絕。

**四庫案語解：**春夏秋冬四時在子月是一陽生六陰死，然而陽氣之道行左（向左方旋轉，順時針方向），陰氣之道右行（向右旋轉，逆時針方向）。例如甲乙都是木，甲木為陽在亥為長生，而順時針方向旋轉（順行），到午則為死絕之地。乙木為陰在午而逆行（逆時針方向）而行至酉為死絕之地。

子爲天時正時之標準起點，一年之始起於一陽生（子月爲一陽生），寅爲地支（月份）之首，陽氣具備，人開始興旺活動是開始於甲木陽生之時。

**四庫案語解：**農曆十一月為建子之月，一陽生，是一年之首。子時為一日之首，農一月建寅，草木『甲拆』（種子裂開），是陽氣具備要生長與盛的時候，建寅之時，則人也開始活動了。這是一日生活起居，就寢入寐之事的開始或結束，這並不是『天道』（自然的時序之開始），自然的時序在『子』開始，因此『寅』為『地首』。

**【原文】**

**天左中而左吉，地右半而坤鄉。**太陽法天，正月自子左行，至六月在未，未小吉也，以是子為天正也。月建法，地自正月建寅，至六月在未，未坤之境地也，而天地異見而至同焉。

**先天後地，宮土其中，人中貴神，丑土己土，正體大吉，形體小吉。**言天自子行，太陽至未如月建至寅，然往而中會於未，終於丑，故宮土其中也，天地自寅子左右行至中而終，於丑常中於地之道者，未有人中之貴神，丑為大吉，未為小吉，巳同丑未之體，左右天地中會其方小吉，所以立貴神用巳丑為家也。夫貴神者在天為紫微星，在地為天乙貴神，領諸干神助地旋德，奉天行道以及平人。

**戌亥為天之成，辰巳為地之往，故貴神逢天則左。遇地則右。**言亥為地之陰極，戌為天之神極、守萬物成功卑用之位，是謂天之成也。巳乃地之陽極，辰為天陰之始，是萬物榮枯往來進功，又戌為魁成，辰為罡幹，故貴神逢天地真運進退之所領諸神避之，故逢天則左行，遇地則右行也。

## 【解析】

太陽（日）法天，天向左行至六月（年中）至未，未爲小吉，故稱『左吉』。地支正月始建寅，至六月爲『未』，未爲坤地，故稱地右半（向右半邊走），到達坤位。

**四庫案語解：**太陽依天之規則，正月自子左行，到六月在未，未為『小吉』，故子為『天正』（天之中心）。月建是以地之規則，自正月開始建寅，到六月為未月，未是『坤』地之地，故說天和地雖運行走法不同，實則皆於未為中間點。

先是天形成，雖是地形成，宮土在其中（宮亦爲土，爲納音聲），未上有人中之貴神，丑土是己土，是大吉，屬正體。未月爲小吉，屬於形體。

**四庫案語解：**此說天自子開始走，太陽走到未，就像月建走到寅（一月），然後太陽和月建會在未交會，而走到最終到丑，是故宮土在其中（宮土指丑、未之土）。天地分別自寅和子向左向右而走，到中間而終止，在『丑』是在地之道之『中』。未有人中之貴神，丑為大吉，未為小吉，巳同丑未之體，都有土。在天地左右運轉中會小吉，所以立貴神用巳丑為家，貴神在天是指紫微星，在地是為天乙貴神，會帶領諸干神助地之道，正常運行，遵奉天道自然法則來蔭福於人。

戌亥爲乾方，爲陽氣最重之方，也是『天』形成的地方。辰巳爲巽方，是萬物生長之地，故稱『地之往』。是故貴神逢到天（戌亥）就向左行，遇到地（辰巳）就向右行。

**四庫案語解**：『亥』為『地』，陰極之地。『戌』為『天』之神極，在萬物形成有用之地，故稱『天之成』。巳為『地』之陽極，『辰』為『天』之陰氣之開始。是萬物生長與旺或衰枯變化的關鍵。另外，戌為『魁戌』，辰為『罔幹』（網之幹線），故貴神逢天地真運運行時，會領諸貴神退避，是故天左旋，地右旋。

## 【原文】

**天乙不守魁罡，庚辛陰陽合異。**天罡、天魁，是天地造化立事，營始成終之位。二辰主生殺之權行刑政之統，天乙紫微，以吉德善輔行道而不亂，典彝行令而不殺戮，惟以正道尊嚴天德，故分日暮之位，以別相儀陰陽之卜以當進退，人能審是則見五行盈虛之異用矣。

**魁為大煞，正月厭元。亥為地將，正期神合。**魁主肅殺揫斂之辰，寅為和氣生育之首，故正月生，體以九月為厭元。亥為登明，正月將與合德期合也。

**【解析】**

天乙貴人不臨辰、戌魁罡之地，庚辛都是金，但分陰陽，有各自不同相合之物，金旺於魁月（九月），『庚辰、庚戌』皆居大煞之地。辛金屬陰，臨大運『辰、戌』不做大煞論。

**四庫案語解：**辰為天罡、戌為天魁，這是因天地形成所設定之事，故辰、戌為自開始到至終形成不變之位。此辰戌二辰是主生殺大權行使刑法之大統，天乙貴人和紫微貴神是以吉德來輔魁罡行天道而不為亂，中規中矩的不殺戮。只有以正道尊嚴來尊敬天德，故分早上、晚上之位，來分別二位貴人。用陰陽來卜事，應當知進退，人就能明白審視前面所說之五行旺衰之用了。

魁爲大煞，『庚辰、庚戌』爲大煞之地。

正月爲寅月，『厭元』指中氣。指正月初旬爲元。『寅』見『亥』爲地將。『正期神合』指必過中氣。『地將』又稱『月將』，由中氣出，不從月建出。

**四庫案語解：**戌為魁，主肅殺、收斂之辰。『寅』為和氣繁衍生育之首要，因此正月生，會以九月為中氣，以亥為登明，寅與亥六合，正月『月將』與合德相合。

## 【原文】

**德將無厭清華總領之人，德合月承金殿凰台之貴人。**亥人正月生，得亥而無戌，又此月生人，天德在丁月，德在丙，更與四柱德合。若人生有天、月二德朝命承之，必歷顯位。

**【解析】**

當『天德貴人、月德貴人』與『月將』同柱，則是在中氣以後出生的人，能主貴，有光明前程，掌大權當總領，更有貴人帶合，爲『貴合』之命的，可在金鑾殿上當朝一品之尊貴之人。

**四庫案語解：**亥年正月生人，四柱有亥無戌，此月生人天德在丁月，德貴在丙，更與四柱德合。如果人命有天德、月德二德貴人臨命，必能做大官。

## 從月建起神煞

| 月 | 寅 | 卯 | 辰 | 巳 | 午 | 未 | 申 | 酉 | 戌 | 亥 | 子 | 丑 | |
|---|---|---|---|---|---|---|---|---|---|---|---|---|---|
| 天德 | 丁 | 坤 | 壬 | 辛 | 乾 | 甲 | 癸 | 艮 | 丙 | 乙 | 巽 | 庚 | 從三合會局起 |

| 月德 | 丙 | 甲 | 壬 | 庚 | 丙 | 甲 | 壬 | 庚 | 丙 | 甲 | 壬 | 庚 | 同天德 |
| --- | --- | --- | --- | --- | --- | --- | --- | --- | --- | --- | --- | --- | --- |
| 月將 | 亥 | 戌 | 酉 | 申 | 未 | 午 | 巳 | 辰 | 卯 | 子 | 丑 | 寅 | 從六合起 |

**【原文】**

**金堅於土，乾坤妙用無方。**金土一也，主色麗而堅剛於土，陽自陰生而尊於陽。

**土重而金生，金強而育水，水流而歲成，木交而火熾。**清者自濁而澄靜者，乃動之機，是土重則金生矣。濕生土，土生金，故云金生水，水實地中行非假金，故云金土一也。水既生旺，則木榮長矣。木相摩而火熾。

**【解析】**

金在土中方堅硬，乾坤起於土，妙用很多。

**四庫案語解：**金土是同一種物質，在土中顏色美麗剛硬，陽從陰生出，但尊陽為重。

土多而生金，金旺而生水，水流動至子丑而一年期滿，木會生火，而火熾旺。

**四庫案語解：**『清』是從『混濁』變澄靜而形成的，這是『變動』之玄機，是土旺而生金。水潮濕而生土，土生金，故稱金生水，水在實地中並非假金而成水的，因此說金土合一是相同物質。水生旺了，則木榮盛長高，木與木相摩擦而生火旺。

## 【原文】

**火無我也夫薪歸土，火遇土不能生鬼，在旺方看五行之輕重。**

火無相托物現形，故謂之神青赤而為父子，故火無木則化灰塵也。盈虛相代，逆順相成，未始有生，未始有死，綿綿無窮，妙應無方，用之不匱，乃五行之陰陽。

**測於無形，不執乎相乃得真際。**五行支干相因而生，納音五行周運無窮。陰陽之道不見聲形，無以此擬，執相之論直須盡神攄披變通乃不亂用。

**或有陽守陰多而利，陰逢陽盛而殃。**一者眾之歸，故陽多得陰而利。陰卑而陽盛，故一陰眾陽，必多殃競。

**【解析】**

火無木會化爲灰燼入歸土中，火遇土爲相生，不爲鬼剋，五行居旺時仍有旺弱之分。

**四庫案語解：**火無木來依，金現原形，故稱元神為青赤（木火）為父子關係。故火無木則直接化為灰燼。虛和實相互變化，陰逆陽順相輔相成，有些是未有開始而有生旺，有些是未有開始而有衰死，綿綿延續無窮盡，微妙至極，用之永不匱乏，這就是五行陰陽的妙用了。

陰陽五行是無形難測定的，不須固執於形相，才能得真神實際之用。

**四庫案語解：**五行干支相繼而相生，納音五行是周而復始運行無止境的，陰陽之道是看不見外形，聽不見聲音的，根本無法比喻相擬，固執於形相之論點，須直接盡具精神將之剝開、舒發之精神內含，能變通而不亂用。

如有陽爲主得陰多，而爲吉利，以陰爲主，陰少陽多而有災殃。

**四庫案語解：**陽為一者，陰多來歸，故一陽得眾陰而有利居吉。陰為卑下居單，而陽多居旺，一陰眾陽，必多災殃相競發生。

【原文】

日遇隔角孤有用，陽就妻而成家，婦若奔夫，二位雖貴合六馬。以年為夫，以日為婦，如日在孤絕隔角，卻於年上有吉神之氣，宜陽就陰為吉。如甲辰得己酉，是陽不往合其陰也，為婦奔夫，禮所屈也。若己丑合甲子，是夫位有貴神，財命進旺，故從夫也。

先上清而得之下濁，後下濁而升越上清。先取上之輕清為用神之福，次看濁氣居下。上雖清而不秀，則取下濁有用之氣，為福所升越為上矣。

【解析】

日干支遇隔角煞兼孤神，若日支與月、時干有合，則爲陽干遇合，則不論孤。例如日支爲『寅』，月時爲『丑』或『巳』，則論隔角帶『孤』。

※隔角煞爲寅卯辰見午，隔巳。巳午未見酉隔申，爲隔角。

『婦若奔夫』指六合之天干命主天干爲陰干，與陽干合，若陽干有貴人、驛馬之類，也主富貴。

**四庫案語解：**此說以年為夫，以日為婦，如果日柱在孤絕（有孤神）隔煞，卻在年柱上有吉神貴氣，適宜陽就陰，夫就妻為吉。例如甲辰得己酉，是陽不去與陰合，為婦奔夫，不合禮。倘若己丑合甲子，是夫位有貴神，財命皆在旺方，故會從夫了。

先用天干上清陽旺之氣爲用，而生下面地支下濁之氣。後再用地支下濁（陰氣）有用之氣來幫扶升越到天干上清之氣，此講干支上下之氣爲上陽生下陰，下陰又生升上陽。

**四庫案語解：**先取天干上之較輕的清氣為用神造福。其次看濁氣居下，上雖清但不秀氣，則取用下濁陰氣中有用之氣，再利用將之升越到干上去。

## 【原文】

**甲子己丑是天地合，輕重自分，丁亥壬辰清潔會，支干尤亨。**彼我往來，皆在囚死，故雖有貴者不能拔萃，猶不若己丑見甲子是也。丁亥地貴符，壬辰祿清潔，丁壬合，氣為木生於亥，而更辰與亥為秀德合，貴氣互換，乃清潔也，若壬辰生而得丁亥，未為盡善。

**寅中有甲得陰土以為妻，方知甲與己合，丑寅未會。**甲乙寅未相合，甲寅同體，丑未同己，故寅見丑未為合。

**【解析】**

甲子、己丑是天干、地支皆合，爲『天地合』。旺弱輕重自然分出來了。丁亥、壬辰，有丁壬相合爲木，『辰』爲天德、月德貴人在『壬』，故稱其『支干尤亨』，壬辰祿清潔，和丁亥爲清潔會。

**四庫案語解：**雖干支相合，但皆在休囚死絕之位，故雖有貴人，但不能出類拔萃，還不如己丑見甲子較好。丁亥有地貴符。壬辰是祿清潔，丁壬相合，其木氣為木長生於亥，而更有辰與亥為秀德合貴氣互換，為清潔之意。假若壬辰為生年，得丁亥，就不是盡善了。

寅中有甲木，得陰土以爲妻（指年爲夫、日爲妻）故年支爲寅，日爲陰土，如此才知甲與己合，丑寅未相會合。

**四庫案語解：**甲乙寅未相合，甲與寅同體性，丑未是一樣的，故寅見丑未相合。

## 【原文】

子巳體壬丁之會，卯申同乙庚之交，丙午辛酉無干不為破刑，癸始亥中，辰戌得同乎戊，此乃有無之相承，異乎六合之配偶。此言皆天地同道而分，一二三生而陰陽數異而為支干，故同體者支配干合矣。

同形則貴在巖廊六合或清居邦教。辰亥子巳之數，皆同形之合，故貴而遇者必高大，六合專位貴為清選。

## 【解析】

子巳同丁壬相合之會。如壬子、丁巳，『壬』爲月德貴人之相合。卯申相見如同乙庚相合之交情（卯中有乙，申中有庚），丙午、辛酉之地支午酉相破，但天干丙辛相合，則二干不破，故無干不爲相破之刑剋。

癸水、壬水與亥通用，『辰戌』和戊土相同，這是干、支上下相承接，通用於六合之用途。

**四庫案語解：**這都是講天地為同道而分陰陽相合，一、二、三相生而陰陽數次變化而為干支，故相同體性的，可支配干相合了。

干支同形的，則主貴命，與有明見六合的命格，同屬清高，教化人的高明之士。

**四庫案語解：**辰、亥、子、巳之數，皆同類之合，故遇貴人者，其人必高大，有六合專位在干支上時，其人主貴，得高職。

## 【原文】

**連屬不言孤寡清絕。**一作純粹。**可勝乖違。**如亥得寅戌、寅見丑未，或支干朝會包裹貴人連屬，本命雖犯孤寡亦吉。如壬辰、丁亥、甲午、己未，雖主木乖違，卻有清純秀氣，可以為福。

大凡多取真形，慎勿專持假體，寅午戌氣禧於申，更觀干頭之輕重，合守安馬於戌全要無形，土馬守於離陽晶應於子。五行支干配用先推真者為用，則五行之妙見也。火體氣病散禧於申，須看干頭所配生殺三支輕重以論乎吉凶，三合季地，乃華蓋下之暗馬，會之者亦當富貴，大忌沖破之處土無正氣，寄於離火為精神，而祿應於子也，則土水為夫婦，由水之於火正守子午之位。

【解析】

四柱干支以甲乙丙丁……或子丑寅卯……連續不斷時，則不必多言，其人必爲孤寡、清孤、運絕之人。可勝過干支納音不合乖違的命格。

**四庫案語解：**例如亥得寅、戌，寅見丑、未，或支干朝向年命，並包裹貴人形成連屬。其本命雖犯孤寡，仍算吉。如壬辰（納音水），丁亥（納音土）、甲午（納音金），己未（納音火），雖皆屬與水乖違不合，都有清純秀氣，可以有福。

五行干支相配合推算用神，大多找真材實用的爲主，要慎重不要用到假的用神。寅午戌氣之動爲『馬』，馬在申，故稱『氣禧於申』。更要看頭之輕重。寅午戌人，以金爲財，支取『申』。申爲三合之火『驛馬』。『土馬』指『戊申』。因此，三合火生土，土生申金馬，能一氣通關。若不是『戊』土馬，其他的馬沒有如此之妙了。土馬守於離，土馬靠陽火生。『晶』爲『三個日』，大運三日作一年，應於『子』運或子年會大發。

**四庫案語解：**五行支干先推算真用神為用，則五行變化之妙出現了。火體之氣至申主病，須看干頭所配之三地支之刑剋輕重來論吉凶。在三合中有辰戌丑未出現，如寅午戌，為華蓋下有暗馬，會之會有富貴。忌沖破，土無正氣，寄於火來生土。而得祿要應在『子』運或子年，則土水為夫婦相應。由水到火正，故守於子午之位。

## 【原文】

**三元失地，雖貴而弗貴；上下得真，雖賤而未賤。**三元失地，雖貴者必遭貶而不康寧，如甲子得壬子己丑，甲寅乙卯癸亥戊辰，乃天地之吉氣，雖賤而不知卑矣。**蓋陽盛則禧陽，陰極則殺陰是也。**陰陽各得專位而不為遇極，雖身受死絕亦有富貴之理。凡論陰陽勝負，必分真假邪正，斯可矣。

## 【解析】

『三元失地』是指干祿、支命、納音身都在衰絕之處，雖遇貴人而不能主貴。『上下得真』是指干支上下得氣通爲真，如甲寅，甲祿在寅，天干在地支上得祿。如此雖不爲貴命，爲賤命，但未必卑微。

**四庫案語解：**三元失地在衰位，雖主貴在位，但必遭貶　而一生不安寧。例如甲子得壬子、己丑、甲寅、乙卯、癸亥、戊辰，皆為天地間之吉氣，雖賤而未必卑微。

四柱干支陽者旺盛，則偏向陽，陰至極至重，則用鬼刑殺陰，使之變陽或減弱。

**四庫案語解：**陰陽各有專位，而不會遇極陰極陽，會再變為少陰、少陽。雖納音身在死絕之地，仍會有富貴，能生存。凡是評量陰陽勝負消長，一定要分是真、是假、是邪、是正，就可以判斷了。

# 升降清濁

## 【原文】

父子之行年同體，子享父利；夫婦之祿馬併傷，妻殃夫病。年父時子，生我為父，剋我為子，二者氣用在行年上分吉凶，各隨其用以分休咎，年祿日馬，日祿年馬，各有時害，則夫婦併傷也。

五墓為歲藏之地，時貴亦妨；四孟是孤絕之方，帶煞必克。四季為五行之墓，萬物之所終也。生時逢之雖會吉而貴，亦主妨害尊親也。四孟上有孤辰氣絕，若更見亡神劫煞歲刑，亦主妨害父母也。

子午乃陰陽之至，卯酉為日月之門，死敗全逢，刑猶壽考。四仲時生，主無妨敗，若年死敗有生，主有壽及父母。

有祿者干支生成，動則周觀；闕祿者財命身祿，行游一理。干祿破傷，五行不秀，須推財命，不可一揆推其官鬼，至於行運，亦不論干頭祿馬矣。

**祿位有無，論於官鬼。官鬼競馳，災殃併亂。**身有地祿氣無刑，更要干中無官鬼，有官鬼雖貴而多殃。

**【解析】**

五行之墓（指木墓未，金墓土，水墓辰，火墓戌，土墓）爲春夏秋冬四季所藏之地，是萬物起始及結束的地方生時在此，雖帶貴人而自吉，但會刑剋妨礙父母尊親。寅申巳亥是四孟是帶有孤神、絕煞的四方地區，再帶其他的凶煞，也必剋父母。

時支有貴人坐『墓』，亦受妨害，以貴人入墓而無用。

**四庫案語解：**四季春夏秋冬為五行（金木水火土）之墓地，亦是萬物之所歸之處。生時逢到，雖仍會吉而主貴，亦主妨害尊上親屬。四孟寅申巳亥有孤辰（孤神）氣絕，若更見亡神、劫煞、歲刑等煞星，亦主刑剋父母。

子是陰之極，午是陽之極，故子午爲陰陽之至極。卯爲日之門，酉爲月之門。如果四柱上『子午卯酉』全有，此爲沐浴敗地，有刑剋，仍有長壽之象，不全爲凶。

**四庫案語解：**四仲時生，四仲指子、午、卯、酉。主無妨害衰敗，若年柱在衰死敗地，再有貴人主生，主其人和父母皆有長壽之象。

四柱天干坐干祿，干支相互生成，以推財命，看運途，要四柱大運全觀察一遍，否則天干坐祿，也未必吉。『祿』是命身（納音）之祿，行運不論干頭、祿馬。四柱不帶干祿，則查運歲行運，以『補祿』，財旺能生『官』。

**四庫案語解：**干祿受刑傷，五行不秀氣，須以財命為重來推論，不可一昧推官鬼（官煞）。至於行運，亦不論干頭之祿馬了。

有沒有祿位，須看官鬼。祿馬是否有用，須看天干有沒有正官，若無正官，亦不主貴，反之四柱正官多，無祿馬，亦會災殃多，一起作亂。

**四庫案語解：**本命天干有地祿（地支之祿）無其他刑剋之氣，更要四柱天干無正官（官鬼），有正官，雖能主貴，而多災禍。

## 【原文】

**身土遇火生而漸利命，水得金降而優長。金多須火或從革以成名，木重得金揉曲直而任使。水流不止，息土以攘之。火盛無依，惟水以濟之。**生命喜於生旺，祿干不嫌克制。金重無火而集旺於酉中，亦可以成名。木重須金，如無金而亥卯未亦為曲直理斷之任使。水流不止，惟土以防之，水流不進欲以土剋發，仍有水土之輕重。如火之盛旺，左右無木，須得水制方成既濟使不極也，火輕則不然。

**丙寅丁卯，秋冬宜以保持。戊午庚申，彼我得之超異。**木不南奔，火無西旺，故火木至秋冬勢恐不久。庚申石榴木夏旺故喜戊午，蓋天官旺而石榴之木性得時，戊午乃旺極之火氣喜於甲，見天馬相資也。

## 【解析】

本命是土，遇四柱有火而漸漸有利於本命。本命是水，有金生水而命優長久。本命金太多須火來剋或有『從革格』，從火革才能成名。木重的命格，要有金來裁制成『曲直格』而有大用。水流不止的命格，要以土來築堤防導流入江海以成用。命格火太多，無土木相依，只有水能制之火太炎。（土亦能洩火）

**四庫案語解：**能生命全喜命格生旺，天干帶祿不怕刑剋，命格為金太旺無火革，而會集旺於酉，亦可成名。本命木重，須金來裁制，如無金而四柱只有亥卯未成木局，就為『曲直仁壽格』，亦佳。命格水多水流不止，一片汪洋，只有土能做堤防導流入海。水流若太少，則以土來剋之使之生發。在命格上仍有水土輕重之用。如果火太旺，左右干支無木，須用水來救治，才能『水火既濟』，使不至極燒毀，火不旺就不能用此。

丙寅、丁卯皆納音火，在秋冬金水運中宜退守，保持火力，因火在火囚、火死之地，故要保持，戊午（天上火）、庚申（石榴木），為『食神明旺』，得之此命有超異不凡之成就。

**四庫案語解：**木在夏天為木老，木不會旺在夏天，故曰『木不南奔』。火在秋天休囚，故曰『火無西旺』。因此火木至秋冬恐留不久。庚申納音石榴木，為旺在夏天，故喜歡戊午火，這是天官旺，而石榴木得到時上有戊午火，則旺極之火氣喜有甲木生旺，再有天馬相助，大吉。

## 【原文】

**時居日祿，當得路於青雲。五馬交加，可致身於黃閣。**生月生日兩祿干在時，如敏少宰己巳年己巳月己巳日庚午時是也。注云：甲日得寅時，須有氣而能朝命主，本三無氣，亦可清貴，但壽福不永耳。年月日時胎五馬不閑，定為文儒之貴，若年馬時馬華蓋馬及二位天馬不閑亦是，如王安中左丞乙卯年丁亥月乙巳日丁亥時是也。

◎『李虛中命書』詳析

**【解析】**

『時居日祿』爲後之『日祿歸時』。指日干在時支中得祿。『臨官』在時支，四柱不見官星，就會有青雲直上，一路通順之前程。

**五馬是指：一、天地合馬**（干支六合驛馬）；**二、臨官馬**（臨官合沖驛馬）；**三、□寶馬**（馬上帶財）；**四、文星馬**（驛馬合文昌貴人）；**五、福星馬**（正財坐驛馬）。人命遇上二者即貴顯，如五馬全遇，可身居一品之官。

**四庫案語解：**生月和生日之祿在時上。例如敏少宰之四柱為己巳年、己巳月、己巳日、庚午時。己祿在午、日祿歸時。注云：甲日得寅時，甲祿在寅，須有生氣而能朝向命主，本命有三柱無氣，亦可有清貴之官職，但不長壽。年月日時胎上有五馬在動，一定有文職學儒之貴位。若年有馬、時有馬、華蓋合馬及兩柱有天馬不間同論，例如王安中左丞之命格，生於乙卯年、丁亥月、乙巳日、丁亥時，如卯年生、馬在巳，乙得丁亥為『貴食』，有貴食官高祿多稱意。

## 【原文】

**丁壬喜乎丙辛，乙庚愛乎甲己。**言彼有此辨一分氣是得一分三之義，乃氣相生也。

**甲午愛官旺，辛酉忌生旺。**強悍砂洑之金，欲得官鬼有生旺之氣，亦可為貴旺，不必為官也。辛酉氣絕之木，欲生旺以為榮，然金中之木，金木未成器為貴美亦可矣。

**物之未閑，盛衰有漸。**物生有漸則堅實，蓋其進銳者其退速，是以五行之命貴在中庸之氣。

**以慶為吉慶弗吉，知凶遠凶凶敗無。**作福作威，返福為禍。知命畏天，轉禍為福。

◎『李虛中命書』《卷中》原文及解析

【解析】

四柱天干若全『丁、壬。丙、辛。乙、庚。甲、己』，則爲『化氣格』。

丁壬相合化木，爲木氣。丙辛相合化水，水能生木，故『丁壬愛丙辛』，乙庚相合化金，甲己相合化土，土能生金，故『乙庚愛甲己』，有相生之情。

**四庫案語解：**指彼此能辨出一分氣，是能生得一分三之氣，氣會相生之意。

『甲午愛官旺』，是指午中有丁巳，干支甲己『暗合』，丁祿在午，故見官則貴。辛酉之辛干自坐臨官，辛酉納音木，爲木衰金旺之時，不喜再有金生旺相加。

**四庫案語解：**甲午納音為砂中金，為強悍砂洑之金，欲有官鬼相剋煉，則會有生旺之氣，則可主貴，不必為官也可主貴。辛酉納音石榴木，是氣絕之木，要生旺才能榮盛，然而辛酉是金中之木，未成器，欲貴美，不宜金生旺。

萬物尚未爭鬥、吵鬧、繁盛，是要漸漸的朝上旺盛或向衰的方向進行。

**四庫案語解：**萬物生長從出生到堅實是漸漸緩慢的，有一定生長過程的。如果進步快速、生長快速，也會退步也快速，衰敗也快速，這是五行之氣，貴在有中庸之道之故。

人若以知道命好而慶祝喜悅，則雖喜而不真吉。人能知道凶事，遠雖凶事，凶就會消失。

**四庫案語解：**作威作福的人，就會因福得禍。能知命畏懼天，則能轉變災禍、化禍為福。

**【原文】**

有根而無苗，實貧而尚可甘餐；本氣絕而花繁，縱子成而味拙。根基主本有氣，雖食運不扶合亦可作六親優備、平生自足之命。三元四柱本無旺氣，得到福祿之運，亦乍舉乍勝，不可以大榮達也。

君子小人之用，否泰各端；支煞納音之情，體何一揆。支干配祿馬貴神，君子之事也。納音財帛支煞，小人之用也。乃分君子小人兩端推之。

寅申巳亥生成，而有子有孫；祿命身源衰旺，而存終辨始。四孟上見四柱之生旺，更不必推，乃有子有孫也。又說須是六合相合方論此，如見六害卻無息也。如癸亥年庚申月壬寅日乙巳時，卻無嗣，先看三元輕重，次看四柱盛衰，既見主本高低，乃論運中得失。

**【解析】**

四柱有根而無苗葉，以及果實貧脊還仍可食用，本命之氣衰而有突發好運，如繁花開放。縱然有果實而無甜味、不好吃。這些都是指命格本體有刑剋，只爲普通、自足之命，不見得能有大成就、大出息的人。

**四庫案語解：**根基為本命有氣，雖然運氣無扶助，仍可做六親具備優良，可自足一生有衣食。人命之三元四柱，原本無旺氣的人，得到福運，會一下好、一下壞，不能有大榮達之日。

在命格中有祿馬貴神爲君子之用。神煞、鬼官爲小人之用。這些用途各有吉凶。支含煞是納音相刑剋之意，體性不只有一種尺度衡量。

**四庫案語解：**支干配祿馬及貴神，為君子之事，納音（身），財帛及支煞為小人之用。論命要從君子和小人兩頭來推斷才行。

四柱上有寅申巳亥形成，因寅申相沖、巳亥相沖，很多人會斷會無子孫，但實際上會有子孫。干祿、支命、納音之源，衰敗或居旺，是須從頭到尾分辨清楚的。四者爲真長生之位。

**四庫案語解：**四孟（寅申巳亥）上見四柱之生旺，必有子有孫。有的說是必須六合相合才做此論。如果有六害，則無子息。如癸亥年、庚申月、壬寅日、乙巳時生人，無子。要先看三元、干支納音的旺弱，再看四柱旺弱，分出命主高低，再論大運之得失好壞。

## 【原文】

順往而亨，逆者則否，逆順之情從大小運而言之。言三元分於四柱，要互換生旺，然後以九命看二運上，要休旺相順為吉，勝負相逆為否。

智仁禮信義，水木火土金，論十二數者，支干極也。水即言智，木則近仁，火則主禮，土則主信，金則主義，以支干相配五行，各有十二位也。

**智仁則清，禮義則濁，信從四時之氣。**水木和柔主文章清秀。金火剛暴，主威武濁勇。土隨四時而有濁有清，當隨所犯而言之。

**清無地而後濁，濁有時而返清。清得地而轉清，濁會濁而愈濁。**水木失地，雖貴必俗，濁而為武人。金火得四時之生旺氣反清貴，而主文章繼世，為天下英賢秀士。如木生亥卯未，而有水生之性也，金水有用，可武耀於疆場，為天下元帥。

**旺相之義，官鬼豈分。清濁之源，輕重可別。**戊午火旺盛，見木水相乘，則官在其間也。如無水木即須見祿，水木金火各先分所得納音之氣輕重，然後論所得之地，以辨輕重清濁。

◎『李虛中命書』詳析

【解析】

論大小運，四柱干支皆有納音，要從年胎月日時，順往而相生或生旺而吉，由時向日、月、年爲逆往，則不吉。逆或順之方向是以大小運而言的。

**四庫案語解：**談三元（干、支、納音）分於四柱之上，要互換生旺，再以九命看大小二運，要旺衰相順行為吉。相逆則不吉。

智仁禮信義，即是水木火土金。十二數即支干之極地。

**四庫案語解：**水為智，木為近仁，火主禮，土主信，金主義，以干支配五行，各有十二位。

智仁二氣爲清氣，屬於清氣，易上升，主文章清秀。禮義爲金火二氣，屬於濁氣，易下降，主威猛，主信爲土氣，爲四時雜氣寄四隅，於四季之末十八日爲專旺之地。

**四庫案語解：**水木代表智仁，是溫和柔順的體性，主其人有文章優美清秀之能力。金火性剛暴，代表禮義，主其人有威武勇敢、粗暴的性格。土主信，隨四時而有清有濁，土為雜氣，於四季春夏秋冬之末十八日有專旺之時，這些都是命格中常發生的五行之象。

在命格之中，如有命主水木，而水木不旺衰弱，而後變爲濁（因四柱金火多來剋），也有主貴者，從武貴。如有命主爲金火（濁者），金火衰弱，而水木旺，或金火生旺轉四時雜氣反主清貴爲『濁有時而返清』。命格木火生旺的在得地位置的，會更爲清（指文貴），金火生旺的，主武貴，會更濁。

**四庫案語解：**水木衰弱，雖主貴必粗俗，性濁為武貴之人（指做軍警），金火得四時之生旺之氣（指水木多），反主清貴（文貴）。而主文章蓋世，為天下英賢秀士（做文官或教職）。例如命格為木生亥卯未（四支有亥卯未），而有水生之性質，此命格中，金水為有用之物，可做大元帥，耀武於沙場，以戰爭而出名。

命格中命主天干強，不怕官殺多來剋，爲『旺相之義、官鬼豈分』。『清濁之源、輕重可別』指水木和金火在命局中以干支和納音五行所代表之氣，各屬旺弱要先分清楚。

**四庫案語解：**戊午納音天上火，火很旺盛，其他干支有水木相加，則官殺在其間了（水為官）。如果四柱無水木，就必須有祿。水木金火各先分清楚納音之氣的旺弱，然後論命格整體之氣的偏重，以分辨命格體性，歸類清濁（定文武貴職）。

## 【原文】

**應得墓者，守成而無害。臨生旺者，自損抑則崇性。**凡得五行在墓，其中見財富官貴者發旺，即已當功成身退，守之乃榮。本末皆旺，而運氣更臨生旺，是人富貴得時者，宜自謙退。

**祿馬氣聚，刑備貴全，清則清貴，濁則濁榮。**祿馬在身命之刑位者，若見貴人全聚德合生氣聚旺，不論清濁，皆主富貴。

**偶者則升，孤者則降。**支干祿會福祿集聚則升清為上格。如不得天元一氣，若又支干孤絕正氣刑破，卻逢身會旺相有貴者，當降為下品之格。

**德將相扶，金印垂腰之貴。遞相揖讓，調鼎位極人臣。**天月德臨月將事合神，乃主紫綬金章之貴。支干六合清氣合四柱，支干左右朝命柱者，乃極品之貴人也。

**【解析】**

命格中凡有五行入墓（在辰、戌、丑、未），而有發財、發官貴之人，應當以守成，勿再取而無害平安。命格在生旺之處，四柱本來皆旺的，行運更在生旺之地者，能得大富貴，更要自謙謹慎、知禮進退。

**四庫案語解：**凡是命格中有五行在墓位（在辰、戌、丑、未），其中有財富官貴發旺的，就已經要成功身退、謹慎守此財富及官位就是成功了，勿再進取，否則有災。命格四柱皆旺，而運氣更臨生旺的人，其人正在富貴得時之時，要自謙退讓才為崇高之性情。

祿馬氣聚生旺在身命之中，又有官刑及貴人全部具備的，清爲文官的，主文貴，濁爲武官的爲武貴。

**四庫案語解：**祿馬在身命之刑位者（有沖剋），若再有貴人聚德合之氣聚旺（有天德貴人、天乙貴人居旺），則不論清濁（不論文武職），都主有富貴。

『偶者則升』是指命格中天支上，祿馬貴人多，則氣清升為上格。『孤者下降』是指四柱干支帶孤神衰絕、刑剋，則為濁氣下降下品之格。

**四庫案語解：**支干有祿會，與福祿集聚，則為文職上格。如果天干無法連成一氣，又有孤絕在支干上形成，是為被刑剋破壞，但又逢納音身為旺及帶有貴人的人，當降為下品之格。

有『德將相扶』是指有天德、月德、天乙貴人與將星『月將』一起共同扶助之命格，會有掌金印，穿朱紫官服、授金章之貴位。『遞相揖讓』為四柱隔一位，如甲子、丙寅、戊辰、戊午等有一品之尊，稱此。調鼎位極人臣，能做一品大官。

◎『李虛中命書』詳析

**四庫案語解：**天月德、月將合神全在命局中，乃主得紫綬金章之尊貴，干支六合有水木清氣在四柱上相合，干支在左右朝向命柱（虛中以年柱為命柱），指其人有極品之貴的人。

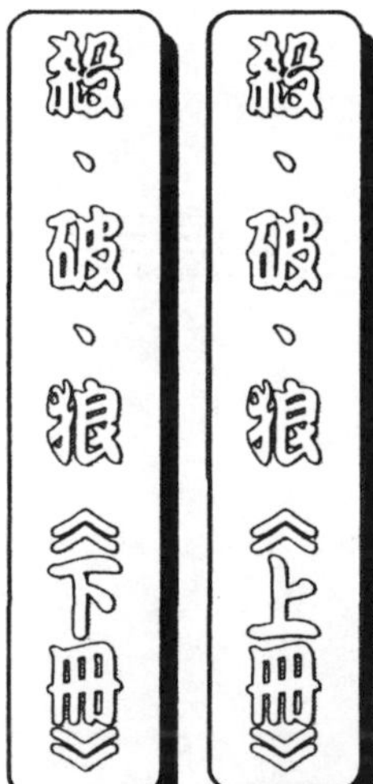

# 『李虛中命書』《卷下》原文及解析

## 衰旺取時

**【原文】**

論一方之氣，不可過角。進角為孤，退角為寡。一方之氣，則四象各主於一時之偶也，如寅卯辰則巳孤丑寡。

既旺不過一方之氣，卻言衰者成功也。木水亥衰於辰，是木出東方春位而衰，此本末衰旺，功成身退，子結花落也。

◎『李虛中命書』《卷下》原文及解析

華過衰而實成，是窮則變通之象。始生於沐浴，為風水陶化之因。冠帶則材器可任，臨官則鬼害之難。物主臨官，則氣血堅壯，可受制敵不畏其鬼。旺則剛介自處，衰則去華立實，病者孤也。病者形勢孤弱，如木病巳則寅辰之孤也。

**【解析】**

『論一方之氣』，『方』是指東、南、西、北之方向。

『一方之氣』，是指『寅卯辰』爲東方木氣。『巳、午、未』爲南方火氣。『申、酉、戌』爲西方金氣。『亥、子、丑』爲北方水氣。『辰、戌、丑、未』爲中央土氣。

倘若四柱已成一方之氣，不可過角，『角』爲『越入』之意，或退入另一方氣。例如命格中有『寅、卯、辰』爲東方之氣，過『辰』爲『巳』。退後一方之氣爲『寅』之前爲『丑』。『寅、卯、辰』見『巳』爲孤辰，見『丑』爲寡宿。四柱中有『進角』爲『孤』。有『退角』爲『寡宿』。一生會孤寡不吉。

**四庫案語解**：命格中有一方之氣，則四象（水木金火）各忠於該氣，例如寅卯辰為木氣，則其孤在巳、寡在丑。

命主既旺不過一方之氣。例如命主爲『甲』，支見『寅、卯、辰』，或命主爲庚支見『申、酉、戌』皆爲命主旺。『不過一方之氣』，即甲命不過巳、丑。庚命不遇亥、未。不遇孤寡，就能不自坐衰位，而成功了。

**四庫案語解**：命局是木水亥會衰於『辰』，是木出東方，主春而衰。此為本命之末之衰旺，是花落結實，木氣功成身退的狀況而言成功。

繁華（花）經過衰落而果實生成（指木氣本旺，經過花落結實而成功）。落花為『衰、死』象，是窮則變通之象，萬物開始都是生於『長生沐浴』，為風水相生陶化之因。例如甲木之長生、沐浴為『亥子』。此為『水』之三會，也是『寅、卯、辰』之本氣之因。因此四柱地支有『寅卯亥子』或『亥子卯辰』，稱為『風水相生陶化之成因』。

『冠帶則材器可任』，指若四柱無法成一方之氣，再遇『冠帶』，則不做『孤寡』論，則有才能可堪大用。

『臨官則鬼害之難』，指四柱有多個臨官，例如『天干甲』，又有多個『寅』字在地支上，或遇『七殺』多，則多遇災難也不怕。

**四庫案語解**：萬物在臨官旺處，則氣血旺壯，可不畏鬼官剋煞，可制敵防煞。

命格有帝旺的人，會剛介自處（指性耿直、剛強），『帝旺』又稱『羊刃』。命帶羊刃者，多性剛強，如為小人則暴戾無制。

『衰則去華立實』，指不務虛華之雜氣，而務實，在衰落時落花後而結果實。『命者孤也』，指木之病在巳，此為『寅卯辰』之孤神之位。火之病在『申』為『巳、午、未』之孤神之位。金之病在『亥』，為『申、酉、戌』孤神之位。水之病在『寅』，為『亥、子、丑』孤神之位。土之病在『申』，孤位寄『寅、申、巳、亥』之中。

**四庫案語解**：主病的干支都形勢孤弱，例如木病在巳，就是『寅卯辰』之孤神之位。

## 【原文】

**死兮無物墓藏為造化之終，絕煞有鼎新之氣，氣盡後成胞胎凝結始分形狀。**此長生之氣，言五行至絕受氣而成形十二支位之理乃代謝自然。

**夫物出自然，端倪莫測，直須仔細探賾消息龜數。**五行之造化，萬物之盈虧，以盡著龜之數。

**衰病之所，有鬼則止，無鬼則停。**止則窮己，停則流滯，如丙至壬戌壬申則絕，至庚申乙亥則流滯而不通。

**水性本寒，火體本熱，極寒則丑寅以為期，大暑則未申而自定。極也反也，五行之常體；生也殞也，萬物之自然。**五行各有正性，在人所稟有吉凶，發覺未萌，須在期程之所極可定。賦云：三冬暑少九陽多，亦以正氣為憑也。五行之運，陰陽相推，亦有不應和者，亦極相反，是謂死兮生之本，生兮死之源。

【解析】

長生十二宮裡面，到『死』，會無任何之物氣（指五行之氣），到『墓』爲所有五行生氣之終了。五行到『絕』（屬煞氣），然後到『胎』，受新的氣而形成。五行之氣先衰盡之後再形成胞胎再凝結，分出五行形狀，至養位。

**四庫案語解**：此指長生之氣，講的是五行到『絕』，而後受氣成『胎』，而成形，十二地支位的長生十二宮，其實是氣之自然代謝的問題。

## 蕭吉所著《五行大義》中『十二生旺庫』之排列

| 木 | 火 | 金 | 水 | 土 |
|---|---|---|---|---|
| 申 受氣 | 亥 受氣 | 寅 受氣 | 巳 受氣 | 亥 受氣 |
| 酉 胎 | 子 胎 | 卯 胎 | 午 胎 | 子 胎 |
| 戌 養 | 丑 養 | 辰 養 | 未 養 | 丑 養 |
| 亥 生 | 寅 生 | 巳 生 | 申 生 | 寅 生 |
| 子 沐浴 | 卯 沐浴 | 午 沐浴 | 酉 沐浴 | 卯 沐浴 |
| 丑 冠帶 | 辰 冠帶 | 未 冠帶 | 戌 冠帶 | 辰 冠帶 |
| 寅 臨官 | 巳 臨官 | 申 臨官 | 亥 臨官 | 巳 臨官 |
| 卯 旺 | 午 旺 | 酉 旺 | 子 旺 | 午 旺 |
| 辰 衰 | 未 衰 | 戌 衰 | 丑 衰 | 未 衰 |
| 巳 病 | 申 病 | 亥 病 | 寅 病 | 申 病 |
| 午 死 | 酉 死 | 子 死 | 卯 死 | 酉 死 |
| 未 葬 | 戌 葬 | 丑 葬 | 辰 葬 | 戌 葬 |

## 明清之後的十二生旺庫表

| 日干／支 | 甲 | 乙 | 丙 | 丁 | 戊 | 己 | 庚 | 辛 | 壬 | 癸 |
|---|---|---|---|---|---|---|---|---|---|---|
| 長生 | 亥 | 午 | 寅 | 酉 | 寅 | 酉 | 巳 | 子 | 申 | 卯 |
| 沐浴 | 子 | 巳 | 卯 | 申 | 卯 | 申 | 午 | 亥 | 酉 | 寅 |
| 冠帶 | 丑 | 辰 | 辰 | 未 | 辰 | 未 | 未 | 戌 | 戌 | 丑 |
| 臨官 | 寅 | 卯 | 巳 | 午 | 巳 | 午 | 申 | 酉 | 亥 | 子 |
| 帝旺 | 卯 | 寅 | 午 | 巳 | 午 | 巳 | 酉 | 申 | 子 | 亥 |
| 衰 | 辰 | 丑 | 未 | 辰 | 未 | 辰 | 戌 | 未 | 丑 | 戌 |
| 病 | 巳 | 子 | 申 | 卯 | 申 | 卯 | 亥 | 午 | 寅 | 酉 |
| 死 | 午 | 亥 | 酉 | 寅 | 酉 | 寅 | 子 | 巳 | 卯 | 申 |
| 墓 | 未 | 戌 | 戌 | 丑 | 戌 | 丑 | 丑 | 辰 | 辰 | 未 |
| 絕 | 申 | 酉 | 亥 | 子 | 亥 | 子 | 寅 | 卯 | 巳 | 午 |
| 胎 | 酉 | 申 | 子 | 亥 | 子 | 亥 | 卯 | 寅 | 午 | 巳 |
| 養 | 戌 | 未 | 丑 | 戌 | 丑 | 戌 | 辰 | 丑 | 未 | 辰 |

萬物自然而然的生長，變化莫測。要仔細的探究，就要以蓍龜揲蓍卜卦之數來探究五行的問題了。

**四庫案語解**：五行消長變化，是萬物繁盛或衰敗的基礎，以合蓍龜（易經中大衍之數）的命數。

五行之氣到了衰病的地方，『有鬼則止』是指有納音來相剋，就會窮絕而停止，如果無納音相剋，則會停滯（無鬼則停）。

**四庫案語解**：『止』之意是窮已，身窮而絕，停則是滯流不動（指入墓），例如丙至壬戌（納音水）、壬申（納音金），申、戌皆是火病，衰之地，再遇納音水、金相剋，則止至『絕』處。丙至庚申（納音木）、乙亥（納音火），因納音木火助丙旺，故只是停滯而已。

五行各有其體性，水性本體屬寒，火的本體屬熱。水是北方寒氣，火是南方熱氣，寒過了『丑』入『寅』，則退寒性，大暑爲極熱之時，以『未』過了『申』而止熱性。

五行以物極則反，五行之常體（指平常法則），萬物生與死爲自然法則。

**四庫案語解**：五行各有正常之性，在人看來有吉凶之分，發覺植物未萌發，須在極寒之期內可以認定。賦云：三冬（指亥、子、丑月）熱的天少，陽氣多，亦會以水氣多寡為憑。五行之運行，是陰陽消長相推而變化，也有不相應和的，亦有極而相反的，這就是『衰死絕墓』為再復始胎養生之開始根本。『生』又是萬物即將死亡、衰弱之本源。

## 【原文】

**歲隱其神，神成而歲死**。歲木也神火也，火盛則木死，勢不兩立，因恩而生害。

**智從義出，智盛則義藏**。智，水也。義，金也。金生水，水盛金藏，未嘗不失於義也。

**信從四事物物皆歸**。鍾於土是也，辰為木之土，戌為金之土，未為火之土，丑為水之土。

**鬼財相會，則凶中得吉**。如庚申得癸卯，庚申月乙卯有合會德之財，癸卯為木之鬼。

**【解析】**

『歲隱其神』，『歲』是母體。『神』是子位。『歲』也代表『天干』，『神』亦代表地支。故天干強過地支爲『歲隱其神』、『神成而歲死』，是指支旺而干易衰絕。

**四庫案語解**：歲為木，神為火，火旺則木死，勢不兩位，因有思利而害其生。

智爲水，義爲金，『智從義出』，指金生水，水從金出。『智盛則義藏』，指水多則金藏。（洩金過多），亦指爲人智慧太多就道義退藏。

**四庫案語解**：智，是水。義，是金，金生水，水盛金藏，未嘗不會失於義。（指未嘗不會被洩氣）。

『信從四事』，指土從辰、戌、丑、未四方，亦稱四事。『物物皆歸』，地支皆歸四方，辰是木方，戌是金方，丑是癸方，未是丁方。

**四庫案語解**：萬物皆鍾於土，辰屬木之土，戌為帶金之土，未為火之土，丑為水之土。

『鬼財相會』，指納音的官鬼和相剋得財之財相會，主由凶中得吉。

**四庫案語解**：例如庚申（納音木）得癸卯（納音金），庚申月（納音木）、乙卯日（納音水）。癸卯為木之鬼官，金會剋木，庚之財為木，為『鬼財相會』。庚申、乙卯亦會合德之財。主先困後吉。

## 【原文】

**觀刑逢妻生旺不取，生月為父，胎月為母，身剋為妻，妻生為子，時生是妻子之數，成敗自然。**以火剋金為父則以生月定之。然後看日時承受，胎月有無刑害，身剋為妻，以日論之，妻生為子，以時推之，乃看生旺刑制五行之定數也。

**胎氣同往，當有異母；月干相逢，須依二父。**受胎正在受氣之地，而與日時支干同者，當食二母之乳。月干與年干相連，而同在父母生地，當相交或立身於二事而成也。

**子息則先明生氣，或用剋以推之。**如丁巳土以木為子孫，建至亥上得辛，若四柱見丁在無氣，更有刑害者，必少子孫也。

**【解析】**

看刑剋逢妻宮（指日支），三刑臨日支，坐長生及臨官位，以旺位不怕刑沖，故稱『生旺不取』。不以沖刑論。『生月爲父』指月支的衰旺主生父之興敗。胎月爲母（胎月之支），身（納音五行）所剋爲妻。妻生爲子（以食傷爲子）。『時生是妻子之數』，例如甲日丙時生人，丙生土，看四柱土之干支有幾位，便知一生女緣之數。更要看各支生、旺、衰絕，成敗自然交替中可呈現。

**四庫案語解**：以火剋金為父，則以生月定之，然後看日和時，及懷胎月三者有無刑剋。納音身剋日者為妻，妻（日支）生『時』為子，再看生旺刑剋五行之定數。

受胎月與年、日、時支干相同的，會有繼母。月干和天干上有相同的，會依靠二個父親（※唐宋以前以月支稱『月胎』，月柱地支會連成一氣，如甲寅月，而年、日爲『卯、辰』會有繼母。以天干見兩個以上之甲木，會依繼父。此爲『過旺則孤』。）

**四庫案語解**：受胎月為旺氣之地，與日時干支相同的，當食二母之乳，由繼母帶大。月干與年干相連，而同在父母生地，會相交或立身事二主而成。

看子息要先看明生氣所在之位，須先取食傷坐長生之地，後女子論子看『食傷』。或者以剋日主的『官殺』有幾位，後男命以『七殺』論子。

**四庫案語解**：如丁巳土以木為子孫，月建至亥上得辛，倘若四柱見丁在無氣，更有刑剋，必子孫少。

◎『李虛中命書』詳析

## 【原文】

**自生自旺，更看運之胎月。**如生納音在月旺處，更不論刑害子孫之地。如胎月在有氣處於生時之上，亦不絕子也。

**祿馬不閑子孫未必絕滅。**若人生時見祿馬往來朝命，不犯孤寡，亦有子孫。

**陰陽和會，交友結心，同氣連枝，同名定數。**五行須和順者，四海之人亦心於交友相結，況同胞兄弟，豈不得力，但五行中，以此為兄弟而無災位也。

**或有偶然同產，一母以生，須分深淺之時，復看五音向背。**凡一時有八刻二十分，故有淺深前後吉凶不同，其有以生須分深淺，異姓則論五音向背。

**本音生旺，須至福勝於休囚。時日初終，更看先後之凶吉。**異姓同時音得旺相者，福祿深厚，言同時則看先後吉凶。

【解析】

四柱生旺，還須看『運支』，即大運地支所藏之天干與月柱有無刑沖。

**四庫案語解**：例如生月的納音在生旺之時，就不會刑害子孫。例如胎月有生氣（居旺），與生時同；亦不絕子，會有子。

命格中祿馬不閑，指祿馬奔忙，子孫未必會不有（指仍會有）。例如：子位在時支，雖爲死絕之地，他柱有臨官、驛馬坐生旺，則不一定論子孫敗絕了。

**四庫案語解**：倘若人生時有祿馬來朝年命，不犯孤沖、寡宿，也會有子孫。

『陰陽和會』指『比肩、劫財』互見，交友、結同心，枝連氣同，氣會一方，主大吉，同爲同胞手足，自有定數。例如天干爲『甲、乙』，地支有『寅、卯、辰』，氣全一方。

**四庫案語解**：命格中五行須相和平順，四海之人亦會相交結，何況同胞兄弟，會更得力。但在五行之中以兄弟而無災位。

或有偶然『同產』，是指『我生』是食神、傷官，同一母所生，須分深淺之時，更要看五行向背，此爲所生異姓子女。五音爲五行。

**四庫案語解**：一個時辰有八刻二十分，因此有深淺生旺吉凶各不同，其中有『我生』（指食神、傷官）要分深淺。一母所生，但姓氏不同之子女，則論五行向背道（不同）之刑剋。

『本音』即納音，生旺時，須生旺有福，比休囚衰弱好。例如丙寅、丁卯爲『爐中火』。喜生於『巳、午』時，在火生旺之時，不喜生於『亥、子』等休囚之時。時自『初、終』，如『巳、午、未』，以巳爲初，優於『未』終。因此要分先後之凶或吉。

**四庫案語解**：如果一母生異姓兩個子女，命格要納音在旺相的為佳，福祿會深厚，言同時要看時日先後之吉凶。

## 【原文】

**歲月各計於氣交，胎月定推於干數。**有年未交而氣先交者，氣已交而月未建者，須以交氣為定人之生也。稟五行四時之氣為性命，且年歲乃辰煞而已，其餘建月不足月，俱以十月為胎，以同天干之數。

**是以天奇地耦，有萬不同，陰煞陽生，無形自運。察衰旺於氣數之中，則萬物變論之必應。**天地生物不同，如人質未嘗相肖，蓋使有造化之別爾。陽主生，陰主煞，乃運於無形之中，而萬物先後自然應備。五行衰旺以四時輪轉，則萬物從而化育，至如鷹入水化為鴟，蚯蚓結之類是也。

**【解析】**

年月之計算從『氣交』算起，胎月的計算推定，推於天干數。一般都以十月懷胎，人才得以生，用十個天干數往前推而定。

**四庫案語解**：有年未交而氣先交者（指立春在前一年尾），有氣已交而月未建者，指立春在前一年年尾。必須以交氣為定人之生。稟著五行四時之氣為人之性命，而且年歲為辰煞，其餘建月不足，都以十月懷胎，跟天干之數相同。

『天奇地偶』是指天干陽干爲生，地支陰支爲煞，六十干支，取陰陰互合，陽陽自組，以天干爲奇，地支爲偶，不自相戰，故只取甲子、乙丑，而不取甲丑、乙子。陽干會生陰煞（陰支），行運時才能見陰陽交泰，即有衰旺之別，干支不動靜處，便無衰旺作用。看衰旺氣數，則萬物必變化而動。

**四庫案語解**：天地萬物皆不相同，例如人的本質也未必都相像，這才各有人生變化之別。陽主生為天干，陰主煞為地支，皆在無形之中運行、運作。而萬物有先後自然生長或新陳代謝，五行之氣的衰旺以春夏秋冬四時的輪轉變化而成。則萬物因此而繁衍生育，就像鷹衝入水中覓食而為鵰，蚯蚓結之類一樣。

## 【原文】

貴賤所成，**刑聚敗極**。甲申得丁巳己卯己巳之類。

四柱不收，甲子得丙寅丁巳辛亥壬申之類。

五行未備，甲子得庚子己卯癸巳之類。

數無取用，如不合干不衝支，而上下相異其氣。

◎『李虛中命書』《卷下》原文及解析

◎『李虛中命書』詳析

一方前後，如木命人己丑之類。

柱多隔角，辛丑得辛卯，甲子得甲戌。

真者失時，如丙辛合在二月六月，丁壬合在秋月。

假者殃剋，五行納音木輕，卻多逢剋制。

主本倒亂，火年水日，更先逢生旺，繼逢死絕。

父子乖違。日剋年，時剋月，貧賤之人皆從此出，人生元命犯以上之格，皆主貧賤害身，如此而元命有氣，卻得富貴者，必不久而多凶也。

【解析】

『貴賤所成，刑聚敗極』：『刑聚』是指四柱地支中三支刑一支，形之所聚，可貴可賤。以生旺者爲貴，衰敗者爲賤。例如甲申人生寅月，見二巳爲貴，甲申人生申月見二巳爲賤。

**四庫案語解**：甲申人得丁巳、己卯、己巳之類為『刑聚敗極』。

四柱干支對沖，非福神可居之地，謂之『四柱不收』。

**四庫案語解**：甲子得丙寅、丁巳、辛亥、壬申之類。干支對沖謂『四柱不收』。

『五行未備』指四柱五行不全，或三柱合爲一柱，如一甲見三己之類。

**四庫案語解**：甲子（金）得庚子（土）、己卯（土）、癸巳（水）之類，缺木、火。

『數無取用』：指四柱所坐之『祿馬貴人』皆在死絕衰弱之地，不得用。

**四庫案語解**：例如無干相合，支不相衝，干支上下之氣不合。

「一方前後」：例如天干爲「甲乙丙丁」或「壬辛庚」，地支爲「子丑寅卯」，或「亥子丑寅」，干支一路連貫，但氣勢偏頗，但不全一氣，此即後世所謂「旺而無依」之命格。

**四庫案語解**：例如木命人遇己丑類。己丑納音火，木生火為一方前後。

「柱多隔角」：一甲見三乙，或三癸，或一丑見三寅爲隔角，又寅卯辰隔角在午，巳午未隔角在酉，申酉戌隔角在子，亥子丑隔角在卯。又如子日戌時、丑日卯時、辰日午時、未日酉時，亦爲隔角。四柱多隔角，君子主癰疽致命、庶人血光致死。日時有隔角，損剋妻子。胎年有隔角，損剋父母，又名血光煞。

**四庫案語解**：辛丑得辛卯，甲子得甲戌，地支丑卯、子戌在臨位為隔角。

「真者失時」：例如乙庚相合金，卻生於『巳、午、未』月失時衰絕之際，真金亦失用，稱之。

**四庫案語解**：例如丙辛相合在二月（卯月）、（六月）未月。丁壬相合在秋月（金月）皆為失時，有刑剋不合。

「假者殃剋」：例如乙庚相合又生於『巳、午、未』月，乙庚相合變爲『假合』不能用。若四柱天干又有丙剋庚，或辛剋乙，則假合無用，反有災殃。

**四庫案語解**：命格中五行納音本輕衰弱，又多逢剋制，稱之。

「主本倒亂」：指納音五行爲金年木日等或火午水日，年月日時相互有刑剋。

**四庫案語解**：例如火年水日有相剋，更火年先逢生旺，繼逢死絕，稱之。

『父子乖違』：以年月爲父，時爲子，日剋年，時剋月爲父子乖違。

**四庫案語解**：四柱中日剋年、時剋月，貧賤之人因此而生出。人生之元命有以上之格局的，皆主貧賤出身，如果如此元命又有生旺之氣的，能得富貴的人，必不久而多凶災。

**【原文】**

**祿期本地身命旺相，祿承馬在貴合兩同。**如甲人生亥卯未地，或寅卯辰中，即生旺氣也。如壬辰得辛亥丙寅己亥，甲寅得乙未丙子己亥也。

**真體守位，**如丁人得壬而在寅卯辰亥之中，或見丙辛各在旺地，而別旺無丁壬也。

**假音得時，**如上人生夏季，或居申子辰中連四季皆是。

**寶義制伐四事顯明，**尊生卑曰寶，卑生尊曰義，上剋下曰制，下賊上曰伐。以此四者，胎月日時上下相生相剋是也。

**五行不雜，九命相養**。謂三元各處一方，帶本近祿而和，及三元各居生旺庫，而納音支干相生育也。

**木官不重**，木須要金，而木通，用甲重而無金者，須得支有。

**金鬼無偏**。金須要火而金相當，或須重而合會於丙。

**【解析】**

命主帶祿、干支，納音皆旺，命主在臨官之地，又見驛馬、貴人，貴合同聚旺地，爲大發富貴之命。

**四庫案語解**：如甲人生亥卯未地或寅卯辰中，為木旺之地，即有一生旺之氣，又如壬辰得辛亥、丙寅、己亥，或甲寅得乙未、丙子、己亥。

『真體守位』：例如乙庚相合，支成『巳酉丑』或『申酉戌』。或丙辛相合化水，支成『申子辰』或『亥子丑』。或丁壬相合，支成『卯亥未』或『寅卯辰』。或戊癸相合化火，支成『寅午戌』或『巳午未』。這些都是真相合得真位，主大吉昌。

**四庫案語解**：如丁人得壬，丁壬相合，而在寅卯辰亥之中，或見丙辛在旺地相合支成水局，而無丁壬來擾。

『假音得時』：指丁壬相合化木，而納音亦爲木。

**四庫案語解**：如以上生人生於夏季，或居申子辰中連四季（指子午卯酉）皆是。

『寶義制伐，四事顯明』：『寶』指天干生地支。『義』指地支生天干。『制』爲天干剋地支。『伐』爲地支剋天干。亦稱『下賊上』。這些都是以干支之五行生剋來論的。四事是指上面『寶義制伐』四事是很顯明易見的。

**四庫案語解**：尊生卑曰寶（天干生地支），卑生尊曰義（地支生天干）。上剋下曰制（干剋支），下賊上曰伐（支剋干）。以上四者，在胎月、日、時上下相生相剋而成之。

『五行不雜，九命相養』：『五行不雜』是指五行純粹，全是金或全是木，或全是水，或全是火，或全是土。

『九命相養』指大運不入『死、絕、墓』之地。而在『長生、沐浴、冠帶、臨官、帝旺、衰、病、胎、養』這九位之中皆可算吉。稱爲九命相養。

**四庫案語解**：三元（干祿支命納音身）各處一方，本命帶祿相和，及三元各居生、旺、庫地，納音干支能相生者稱之。

『木官不重』：指甲乙木人生於寅月，官煞不可重見（有二個以上不佳）。以『寅』爲木長生之地，不能『從殺』格。

**四庫案語解**：木須要金而木通，用甲重而無金相剋時，須支上有金。

『金鬼無偏』：金人生申月，亦不可官煞重。命主坐『臨官旺位』，不能『從煞』。用以論貴取貴格。

**四庫案語解**：金須要火而金相當（金須火革而成材），或須金重相合，如有巳酉丑金局，而會於丙，稱之。

**【原文】**

用刑者有時，如寅刑巳而生在春制剋有用。

守刑者不亂。如癸巳刑戊申而無丁干者是。

明官德合，如丁亥得壬辰壬戌壬寅，又己卯得甲戌甲寅。

暗逢支祿。甲人得丑未亥之類。

支純干一，有貴來朝。本命四柱支干純一，或四柱干目純，帶貴神來朝本命，或四柱併在一支上見貴神。

**主旺本成會於一方。**庚子土得庚辰日癸未時丙戌月丁丑胎之類，雖沖破卻會在本氣之方，更有祿馬尤吉。

**金逢五事、順得三奇。**金木水火土金而三元有旺氣，得生剋相順尤嘉也。辛酉生人，得甲午月戊寅日庚申時者，是三奇之順得也。

**富貴之人，皆能應此。**人生元命支干四柱，應以上諸格者主富貴。縱無氣，亦主聞名挺特出群。

**【解析】**

『用刑有時』：指用刑剋也要合時宜。

『三刑』有子卯相刑。寅巳申相刑。丑戌未相刑。如果命主爲甲子，生卯月，有子卯相刑，但在春季，爲得時。如命主甲戌生丑月，爲不得時。

◎『李虛中命書』詳析

**四庫案語解**：如寅刑巳，而生在春天。為剋制有用。生在秋天則剋制無用。

『守刑者不亂』：指命局四柱中已有三刑出現，不宜再有沖剋，即爲『守刑不亂』。例如年支爲辰，月支爲戌，日支爲丑。日、月支『丑戌』爲『三刑』。再見年月辰戌相沖，刑剋更嚴重。

**四庫案語解**：例如癸巳刑戊申，天干戊癸相合化火，地支巳申相刑，而天干無丁來制癸，為是。

『明官德合』：指天干上之正官，得六合天德及月德貴人，爲吉中之吉。

**四庫案語解**：如丁亥得壬辰、壬戌、壬寅，丁為亥之官，丁又和其他三柱天干丁壬相合，丁貴在亥。又己卯得甲戌、甲寅，天干甲己兩相合。

『暗逢支祿』：例如甲子得甲寅，地支子寅夾『丑』，甲見丑爲貴人，爲暗逢。主大吉。

**四庫案語解**：甲人得丑、未、亥之類。甲之陽貴人為『丑』，陰貴人為『未』，甲在亥中木長生。

『支純干一，有貴來朝』：指四柱四干支皆相同，縱有自刑重見，也不妨貴氣。例如四柱爲四個己酉，或四個庚辰，支見二個自刑，或排比相刑，仍然主貴。

**四庫案語解**：本命四柱支干畢純同一，或四柱干目純（天干相同），帶貴神來朝本命。（月、日時上有貴人），或四柱併在一支上見貴神。

『主旺本成會於一方』：年柱爲『本』，日柱爲『主』，年日皆帶納音五行旺氣，例如甲寅年，乙卯日，則能相輔相成。

**四庫案語解**：庚子土得庚辰日（納音金），癸未時（納音木），丙戌月（納音土），丁丑胎（納音水）之類，地支上辰戌丑未雖對沖、沖破，但都在本氣土上，若有祿馬更吉。

『金逢五事，順時三奇』：五事爲：『財、官、印、祿、馬』，逢此五事必富貴。『三奇』爲『甲戊庚』或『乙丙丁』、『卯己午』或『壬癸辛』。順得三奇也必富貴。

**四庫案語解**：金木水火土五行而三元有旺氣，得生剋相順尤佳。例如辛酉人得甲午月、戊寅日，庚申時，是順得甲戊庚三奇。

『富貴之人，皆能應此』：以上皆爲主貴之優點，如人命能具有以上諸優點，定主富貴。

**四庫案語解**：人生元命支干四柱，全應以上諸格即主富貴，縱然無氣，不在生旺處，亦會聞名於世，出類拔萃。

## 【原文】

五行各有奇儀，須分逆順。若三奇各帶合，須前後五辰合為上，更分順逆之用。

甲戊庚金奇喜辰戌丑未或金方，乙丙丁火奇喜寅午戌或酉方，丙辛癸水奇喜亥子丑申辰方，丁壬甲木奇喜寅卯辰亥方，甲己丙土奇喜四季，及寅亥午申方。歲胎月日時者順，時日月胎歲者逆。三奇亦要合而貴，五位得逆順三奇皆吉，惟嫌不連順。

## 【解析】

『五行各有奇儀，須分逆順』：例如甲戊庚順者爲金奇。若爲『庚戊甲』則爲逆。若『庚甲戊』或『甲庚戊』則爲亂，不可取亂逆之奇，縱帶丑、未貴人，也一生多起伏不順。

**四庫案語解**：若甲戊庚三奇各帶相合，須前後五辰合為上，更要分順逆之用。

甲戊庚爲『金』奇，喜辰戌丑未屬『土』之方或金方。

乙丙丁爲『火』奇，喜寅、午、戌、酉之方。

丙辛癸爲『水』奇，喜亥、子、丑、申、辰之方。

丁壬甲爲『木』奇，喜寅、卯、辰、亥之方。

甲己丙爲『土』奇，喜辰、戌、丑、未之方及寅亥午申方。

以上爲五行各有三奇，『所喜之方』指地支帶『喜』字多，或運行喜地。

例如『乙丙丁』火奇喜『寅、午、戌、酉』之方，其中，只有乙酉、丁酉可稱喜地，大運如再走寅、午、戌運，則更大吉。

奇。

※此『五行各有三奇』，即爲後世之天奇、人奇、地

要歲（生年）胎、月、日、時順排三奇才主貴。如果是

時、日、月、胎、歲上有三奇，則爲逆、亂，不爲吉。

**四庫案語解**：有三奇亦要有相合而為貴，歲胎、月、日、時，五位得逆順三奇皆吉。只嫌不連順而已。（此為四庫編者之意見）

## 【原文】

胎本立於歲前，因歲得之胎月，故立胎在歲後月前。空刑敗害日時倒亂，卻得順奇，不為倒也。三刑八敗六害，空亡相生相絕倒亂者，卻得三奇順在本方，亦主富貴。

日時無方東里多迍，根鮮枝榮，西門寡祿，根固時窮，花實無忒。日時之力不輔三元，或耗或剋，主災多，行年根苗花實，乃胎月日時相順

為貴，若五行更到旺方，即為長遠。

**應得位者，支干各有所刑，官或無氣也，上下須依乎父母。**入前格而貴者，支干中須有沖刑之官，如無官須以德運為清也。當死絕處須要逢父母，故子晉云：賴五行之救助。

**四柱主本，祿馬往來，須分建破。天乙扶持，將德侍衛，更辨尊卑。**謂當用處有建不可破己，破卻不可建，吉神在四柱中，各在四時用干為貴。

**【解析】**

胎月原本應立在歲前（生年前），因懷胎在先，生之在後。但有年才有胎月（向前推算之），故立胎在歲（生年）後，在生月之前。如果四柱已有五行順三奇，即使遇空亡之位，或地支坐三刑、六害、沖剋，以及日和時二柱干支刑沖，仍有順三奇，則不爲『倒』，仍有三奇貴氣。

**四庫案語解**：在命格中有三刑、八敗六害，空亡相生相絕（在絕位），相互沖剋倒亂的四柱，但有順三奇在本命之方，仍主富貴。

『日時無方』：是指日時對沖，支沖比干沖嚴重。『東里多迍』：指子息不佳。

『根鮮枝榮』：指日支弱，而透干者多。例如『庚寅』天干有三甲之類。『西門寡祿』：指妻宮不得力。『根固時窮』：指前三柱旺盛，而時支衰弱死絕。『花實無忒』：指時支衰弱不佳，晚年成敗不一。此爲後世子平法中之『日祿歸絕』。

**四庫案語解**：日和時對三元不力，或有剋耗，主多災。行運至年根、苗、花實（指年、月、日、時）時，以胎、月、日、時五行順排主貴，若五行更走到旺方，會主貴更久。

『應得位者』：指四柱如甲寅、乙卯等，本已得位。支干上又有三刑，三刑在得位之地，本命不畏刑，但仍須行『比肩、劫財』之運。即是命主當作是父母，天干依父母稱『上』。即稱天干、地支皆須依命主。

此句即為『日干強、正官弱，喜行正官之大運』。

**四庫案語解**：入前格而主貴的人，支中須有沖刑之官煞，如果無官煞，要以官運為吉，在死絕處（指衰弱處），要逢父母（指官運）來助。故子晉云：賴五行之救助。

『四柱主本』指四柱主年。年之干祿在『日』。日之干馬在『年』。指年上有祿馬。須分建破，是地支反制天干，則損貴氣。如有天乙貴人扶持，有將星吉神之干支在一起，須辨干支尊卑，不可地支反制天干，以卑犯尊，則不吉。例如丁亥年癸巳日，有丁祿在『巳』，又『馬』在亥，若日、時無刑沖即是吉祥之命，四柱有天乙貴人，將星吉神之干支。

**四庫案語解**：此是講年日之干支，不可反剋天干，有吉神在四柱之中，各在四春夏秋冬用干祿為主貴。

## 【原文】

真合為緊，子巳卯申之合為真。

德合不清。甲子己丑丙戌辛卯連順而貴，尚不如壬子癸丑。

連珠未顯，連珠支干前後顛倒，皆不為顯。

空合何榮。四柱相合，不扶六馬本命即為不貴。

◎支連干會，連珠真同鳳凰數。刑全貴全，天赦祿食麒麟窟。甲子乙丑丙寅連順而貴，尚不如壬子癸丑甲寅乙卯為鳳凰數，其貴清異。人生二刑更晝夜貴神全，皆主文章清秀之貴。

**【解析】**

『真合為緊』：如『甲戌』合『己卯』，相合在一句之中最親，其福最顯著。

**四庫案語解**：子巳卯申之合最真（戊癸、乙庚相合）

『德合不清』：即貴人被合而不清。如『甲子、己丑』不如『己丑、甲子』之福氣，因甲貴在『丑』，丑被子合而貴氣不清。

**四庫案語解**：甲子、己丑、丙戌、辛卯順連又有貴人，還不如壬子、癸丑之吉。

『連珠未顯』：四柱有『甲乙丙丁』，或『辰巳午未』等相連之干或支稱之，不屬顯貴之命格。

**四庫案語解**：連珠前後干支顛倒，即不連珠，不為顯。

『空合何榮』：指『財、官、印、祿、馬』相合又入『空亡』之位，難論富貴。

**四庫案語解**：四柱相合，不扶助六馬至本命，就不為貴。

支連干會，指天干相連，地支也相連。『連珠真同鳳凰數』。連珠即前『辰巳午未』之數。『鳳凰數』指干支雙合。『刑全貴全』指相刑又帶貴。如『丙戌見辛卯』，又帶有子卯相刑，辛貴在子，爲『刑貴全』，主文學驚世。『天赦祿』是指一、卯月戊寅日。二、午月甲午日。三、酉月戊申日。四、子月甲子日。『麒麟窟』指有瑞慶之兆。

**四庫案語解**：甲子、乙丑、丙寅干支連順而主貴。還不如壬子、癸丑、甲寅、乙卯為鳳凰藪，干支相合，其主清貴脫俗。人生有二刑，更有天乙貴人為日貴人，玉堂貴人為夜貴神皆具備，主其人有文章秀美之貴運。

**卯酉自分承不承，魁罡言之會不會。**乙酉得辛卯，辛酉得癸卯，而有辰戌言支干相承用魁罡辰戌也，辰戌相沖須有寅亥申支，乃為相會，不相會為凶。

**罡中旺乙，魁裏伏辛，貴神得癸，小吉隱丁。**辰中是乙，戌中是辛，乙丑為貴神，丑中有癸，未中是丁。

**有陰而無陽乃四方之貢土。**言癸乙丁辛皆陰干，四位中貢成其物之土。

**陽守正於魁罡，陰有用於丑未。金在火鄉貴而遷，逐財則孤勞。**戊同辰戌，己同丑未，金命在火鄉，貴人多黜貴，財人則孤勞。

【解析】

卯酉爲東西對沖，以乙卯沖辛酉爲最嚴重。乙酉對辛卯較次之。如果有卯酉對沖又加辰戌相沖，主大不吉。『魁罡』是指『辰』爲『天罡』，戌爲『地魁』。辰戌相沖，如果有寅、亥、申支在四柱，則會相會水局，或火局，或連成木局，不相會爲凶。

**四庫案語解**：乙酉得辛卯，辛酉得癸卯，皆支有卯酉相沖，而有辰戌言支干承用，辰戌為魁罡，辰戌相沖須有寅、亥、申支，才為相會，有卯酉不為相會為凶。

『罡中旺乙』：指辰爲『天罡』，辰中有『乙』，天干上有乙，則天罡得位。『魁』即是『戌』，『戌』中有『辛』，天干透辛，則地魁得地，故稱『魁裏伏辛』。『天罡、地魁』之天月德貴人在『壬、癸』。地支即使有『辰、戌、丑、未』

全，仍不畏對沖。對言『貴神得癸』。丙丁藏於四庫『未』中，未為小吉。故曰『小吉隱丁』。

**四庫案語解**：辰中有乙、戌中是辛，乙丑是甲戊庚之貴神，丑中有癸，未中有是丁皆主吉。

『有陰而無陽乃四方之貢土』，此乃指八字全陰無陽，是依附他人生活之命格。

**四庫案語解**：指癸、乙、丁、辛皆陰干，四位中是貢成其物之土，指是提供『辰、戌、丑、未』所用之土。

『陽守正於魁罡』：陽者指甲丙戊庚壬，皆以辰戌為『魁罡』。

陰干為乙、丁、己、辛、癸。陰干以『丑未』為『魁罡』。但陰干柔和，不作肅煞論，後世取『丑未』為貴人，不作魁罡。

甲丙戊庚壬之陽干中以金火會『辰戌』，主貴遷。金伐木爲『財』。故以『甲辰、甲戌』爲孤。後世魁罡格以『庚辰、庚戌、壬辰、戊戌』爲魁罡而缺甲、丙。以經文指明甲木爲孤罡，丙火自坐『辰戌』。經中不取，庚剋甲爲財，故『逐財則孤勞』。

**四庫案語解**：戊和辰戌相同，己同丑未，金命在火鄉多受黜再貴，財人（指愛賺錢的人），則孤單勞碌。

## 【原文】

**體重為從革日新，本輕則災殃短折。**金以火為官，若體重者為火位中生，亦可成器。若金本輕而生於火鄉，更遇之多，必短夭刑折。

**須詳生剋之愛憎，舉一隅而辨眾。**如金在火鄉，各以其義辨生剋愛憎，而言吉凶。如水木火土各以金之義而推之，故一隅足以辨眾。

◎『李虛中命書』《卷下》原文及解析

◎『李虛中命書』詳析

**支干論配合之情，力氣取四時之義。**五行生在三合中，各以生剋物化人倫之義，以辨吉凶。更看四時中所得力氣，及支干配合真假，以定吉凶。

**仍分尊卑上下，筋脈交連，神煞吉凶，以分高下。**此重言者，欲人不忽於消息，言更看上下先後尊卑，見不見抽不抽之筋脈情理，乃神煞吉凶而定榮謝也。

**【解析】**

看命仍要看干支上下，先尊後卑之關係，以天干為尊，以地支為卑，要看筋脈相連，指干連（甲戊庚）成支連（巳午未），以及神煞、吉神、凶神分出高下，才能抽絲剝繭，定出一生枯榮。

**四庫案語解**：此再講論命不輕忽分析四柱干支間關係，要先看干支上下、干尊、支卑，或年柱為尊，日時為輕，有無明合、暗合或刑剋沖害之脈絡情形，此為用神煞來定興榮和衰弱的吉凶。

## 【原文】

**至若貴神當位，諸煞伏藏，三元旺相，豈專神煞。**言天乙貴人論於干，看五行四時之氣，及晝夜之干而定，若有氣天乙當位，則煞自藏矣。五行三元為本，若在旺相之地，不背剋生氣，不論神煞也。

**或遇七元，刑劫敗害元亡沖破，在上無可救者，為頭目之疾。**七元干鬼者，對命是也。三刑劫煞八敗六害元亡沖破者，犯真祿之位，見干鬼及三兩位并犯胎命之建，更地位無救，主頭目疾。

**在下無可救者，為手足之厄。**只犯納音支者，乃手足股肱之病。

**父母子孫奚能免害，生時既用行運亦然。**如此之人亦須妨害六親，以三元尊卑而言也。又言己土七煞之凶，不惟生時用於上下之災，行運太歲亦當與日時通論。

**木火則奔速，土金水乃容之。**所遇上件破害，當向坐時運中，更分五行遲速之性，火木漸上主速，土金水沉下主遲緩也。噫造化寥廓，禍福杳微，或積善而有災殃，或積惡而多喜慶，蓋禍福定於生時，善惡由人，然而天道福善禍淫，故君子修身以俟命。

**【解析】**

如果天干有天乙貴人在位，能造吉福、遇煞不懼，故諸煞伏藏，三元指干祿、支命，納音身皆在生旺之處，無背剋生氣，則不論神煞了。

**四庫案語解**：講天乙貴人在天干上，要看五行春夏秋冬之氣，以及晝夜時干而定，如果有旺氣，再有天乙貴人在位，則煞自藏不出，五行是以三元為本，若金居旺，就不論神煞了。

『七元』是指以年命干爲命主爲基準，和四柱中其他三干四支之關係，看有無『財、官、印』等六神，故只論七，稱『七元』。倘若三干四支上並有『三刑、劫煞、元辰、亡神……等』凶煞之神，而無貴人救助，主其人頭目有疾。

**四庫案語解**：七元為干鬼，是對命主而言的，有三刑、劫煞、八敗、六害、元辰、亡神等煞沖破時，剋犯真祿之位，干上有正剋及兩干或三干並犯胎命之刑剋，為無救，主有頭和眼目之疾病。

『在下』指『支上』犯納音刑剋，無可救之的會犯手足、股肱（臂部）之病。

**四庫案語解**：只犯納音和地支刑剋的，為手足傷及臀部、大腿骨之傷病。

※四柱分六親之位，在『年』主父、母。在『月』，男命主自己，女命主『夫』，在『日』主妻子，女命主自己，在『時』主子孫。各柱在大運上，主十年之運。

有刑剋沖害的命格，父母子孫豈能免於災害，生時干支之災要小心，行運亦要小心，每柱代表十年大運。

**四庫案語解**：七元有刑剋之人須防剋害六親，以三元尊卑生旺而言，不只重生時干支上下會帶災，行運太歲也當與日、時一起通論之。

『木火則奔速』，是論命運吉凶顯現之速度。命格為『木、火』的人顯現得快。命格是『土金水』的人，沈著能容，顯現得慢。

**四庫案語解**：如果遇到以上的沖剋破害之命格，在所逢時運中，更要分五行遲緩急速之性質，火木會漸往上燒，主速度快。土、金、水下沈主遲緩。噫！萬物命運遼闊，禍與福微弱杳遠，又可能積善的人而有災殃，又或積惡的人而多有喜慶。禍福由生時而定。善惡由人自發，然而天道就是福喜和災禍並見繁多的，因此君子人須自重而修身養性以保命啊！

## 三元九限

**【原文】**

三元者，大小氣運也。九限者，三運之榮謝也。自生得節日為初，陽男陰女順而理，陰男陽女逆而推。向者數之未來，背者用之已往，十干分之為月，三日成之一年。向背之數，須得其

**實，未來無日，謂當日得節也。當虛作歲，背之同推。行遊四柱，吉凶自然，小運同途，盛衰理異。**運至四柱中伏反生剋吉凶自然，同年小運，四柱所生有別也。**伏反之狀，災福仍分，本主之基，以辨吉凶之變。**伏，守也，逢合則動。反，動也，逢合則靜。先分君子小人之主本，次看運中吉凶變通。

**【解析】**

三元是干祿、支命，納音身，爲大小氣運來論之。『九限』指一、天官限。二、得勢限。三、龜藏限。四、波浪限。五、風雨限。六、布素限。七、失所限。八、破碎限。九、災位限。

『三運』是指『本運、大運、小運』三運。『本運』在年柱，主初生至二十五歲之運程。『月柱』主二十五歲至五十歲之運程。『日柱』主五十歲至死之間之運程。

『大運』起自月柱順逆，排出大運干支組合。

『小運』起法：甲子旬，另起丙寅，女起壬申。

甲戌旬，男起丙子，女起壬午。

甲申旬，男起丙戌，女起壬辰。

甲午旬，男起丙申，女起壬寅。

甲辰旬，男起丙午，女起壬子。

甲寅旬，男起丙辰，女起壬戌。

男命順行，女命逆行，一年一移，論運氣須三運並論。

古法用八卦之八位方位合中央土宮，十干、十二支平均分配各之限地，三運之運行，皆從九宮之位，而論得時、失時，宋代後已不復再用。

自出生時到最近之節氣之日數來算起運年歲。從月柱上起推。陽男陰女順排，陰男陽女逆而推，此爲推大運法。順者向前數是未來。背者向後數是已過往。十天爲一月，三日折成一年（此指算起運年歲）。

『向背之數』爲出生日逆算至節氣，須算確實。『未來無日』，是指出生日即爲節氣之節日當天之日。出生即算一歲，爲當虛作歲，逆算節日也一樣，運氣運行在四柱之上，自然產生吉凶，小運也是一樣算法，但在四柱上旺衰是有分別的。

**四庫案語解**：行運至四柱中，大運與流年和四柱中之任何一柱對沖有刑剋，會自然產生吉凶。同年小運和四柱所生者區別。

『伏反之狀』：『伏』指『大運、流年』與四柱任何一柱相同，稱之。後世稱『伏吟』。

『反』是指大運或流年與四柱任何一柱干支對沖，稱之。後世稱『反吟』。

『本主之基』是指命主在旺位遇『伏、反』對命主來說，是『災福』都重的，但命主在衰位，遇『伏反』則災和福都輕。例如『甲子』月柱遇『庚午』流年，稱『反吟』。又以『甲子』月柱見『甲子』流年，稱『伏吟』。

**四庫案語解**：伏，是『守』之義。『伏』逢相合則動，反是『動』之義。『反』逢相合則靜，先分別命主之動靜衰旺，其次再看運中吉凶變化。

◎『李虛中命書』詳析

【原文】

**小運天左地右，陽備於寅，陰備於申，故男一歲起於寅，女一歲起於申。**寅為三陽化主，申為三陰肅煞，故男小運起於寅，女小運起於申。假如甲子年，男起丙寅，女起壬申之類是也。

**以建元而論勝負，助歲運而依吉凶。**小運各以年遁月建五行而分生剋勝負，小運助大運、太歲相依輔而為吉凶也。

**反破刑孤，凶中有吉。寅申二命，小運不專。**返吟沖伏吟害，及孤病之類，雖是凶運，其中亦有吉者，二運生而小運伏吟反吟，故不以小運專任太歲之上也。

【解析】

小運起法是天干向左，地支向右，寅居男，申居女，因此男子一歲小運起於寅，女子一歲小運起於申。

**四庫案語解**：寅中有甲丙戊，是三陽化育之主。申為三陰肅煞，故男子小運起於寅，女子小運起於申。假如是甲子年，男小運起丙寅，女小運起壬申。

若大運及流年與本運各有不同災禍顯示時，以三運對月支之五行之生剋作吉凶。以月令當時、當旺爲重。

**四庫案語解**：小運各以年遁月建之五行而分生剋、吉凶，小運助大運，和太歲相依相輔而為吉凶。不輔者為凶。

『反破刑孤，凶中有吉』，指四柱有反吟對沖，本應做不吉，但此柱本命坐三刑或孤寡，則凶中反見吉。若『寅、申』二命爲男女二命之小運起，故寅、申出生之人，不可專執於小運。

**四庫案語解**：『反吟』是大運流年和四柱中任何一柱為『對沖』。伏吟是相害及有孤神、衰病之類，雖屬凶運，但其中亦有吉的，男於寅，女於申，二運起生而小運遇伏吟、反吟，故不以小運專在太歲之上了。

## 【原文】

**一歲一移，周而復始。**若一年各有一建而循環也，不可以氣運取。男三十而女二十，陽自戊子，陰自庚子，男得丁巳，女得辛巳，男順十月至丙寅，女逆十月至壬寅也。

**氣者時也，未有時而氣未定，既有時而氣以完。用之納音者，緣有身而得之氣也。**言氣運取生時五行納音之休旺。

**身者三元之本也。氣者身之本也。運既順而氣逆，運若逆而氣順，自生時為始轉行不已，推遷逐歲一宮以大小運分吉凶休**

**祥，非命之也。**甲己土運，乙庚金運，乃天道起魁罡之運，主國家運祚之休祥，非云命之氣運也。

**【解析】**

小運一年一歲移動一年。周而復始。

**四庫案語解：**倘若一年各有一月建而循環變化，不可用氣運旺衰來取。男三十歲，而女二十歲，陽自戊子，陰自庚子，男得丁巳，女得辛巳，男子順至十月到丙寅，女子逆算至壬寅，此為小運。

『氣者時也』，指五行之氣，陰陽之氣就是『時氣』。未在『時上』就氣未定。既有四時得氣，而氣也難持久，會變化，稱『氣以完』。故五行之氣用納音！是從命身而得之氣的。例如甲木在春時，木始有氣，至秋木氣未定，又見完謝難持久。

**四庫案語解**：此指氣運用生時納音五行之旺弱。

身者，指的是納音，納音爲三元之基本、本源。五行之氣是納音之本源。大小運是順行而五行之氣是逆行。大小運若是逆行而五行之氣順行，就會自生時開始走不停，一年變化一個宮位，以大小運來分國家的吉凶衰敗安祥，並非百姓之命運。

**四庫案語解**：這是論國家五運之事，如甲己年為土運，乙庚年為金運，丙辛年行水運，丁壬年行木運，戊癸年行火運。天道之運起於魁罡辰戌，這是指五運之事，不是論個人之命運。

**【原文】**

氣運併絕則厄，太歲為君王，大運為元帥，氣運如曹使，小運若使臣。帥凶，則曹使不能吉。氣運二真運祿馬之氣併絕則死，太歲為百神之主，大運氣運欲轉輪不絕則主本優游，大運主生煞之柄，故曹使不能違理。

**會吉會凶，作用定矣。**在三元生旺庫及祿馬旺處為會吉，居三元沐浴衰病死絕處，逢祿馬為鬼，無和順者為會凶。

**【解析】**

『氣運併絕』，是指本運與大運均在絕地，則主凶。流年太歲爲君王，大運爲元帥，氣運如小官，小運如臨時派遣之使者。如果大運凶，本運與小運也不會吉。如果大運吉，流年太歲不吉，亦以凶論。

**四庫案語解**：大小二運及本運若祿馬之氣相併在絕處則會死。流年太歲為神煞之主，大運氣運要運轉不停則本運才能吉祥優沃，大運掌運氣的生殺大權，因此本氣運不能違背。

◎『李虛中命書』詳析

『會吉會凶』，『會』是『三合、六合、三會』。凡有相合、相會的，都是氣勢極旺，但以神煞間相應的吉凶爲準。如驛馬合臨官則吉，劫煞合亡神則凶。這些作用是固定的。

**四庫案語解**：在三元生、旺、庫及祿馬旺處為『會吉為貴』。居三元、沐浴、衰病、死絕處，再逢祿馬為鬼（官鬼），不和順的會更凶。

## 【原文】

其象大者至於死絕，小者期於災撓。身須逐運，運須逐身。柱助運而凶反吉，柱敗運而吉復凶。時運逢馬，吉凶馬上。一吉呼而百吉會，一凶馳而眾凶符。太歲起大運及主本尊者，則大危或死亡矣。小者有用雖自有福，若傷慢處亦主災撓。身運二者，須左右有符合資助為吉，柱為主，運為客，客為主，害無不凶也。二運到，馬上即看馬上之吉凶。馬主動，必須細取三元四柱而論，不可以馬吉，而不言馬上有凶也。

**吉若勝凶，凶藏吉內；凶若勝吉，吉隱凶中。**其言吉凶有相反，如季主云：使盡吉合則殃也。

**【解析】**

凶神惡煞相會合成爲災象大的，可使人身亡，小的亦有災殃，命主與大運須相生相輔，身扶運，運扶身，雖有凶煞可轉吉。倘若四柱剋運，雖有祿、貴人，也會先吉後凶。四柱助運相生，有凶煞亦反吉利。時與運上見『馬』，則財與驛馬須分吉馬、凶馬，如『馬』併桃花，爲凶馬。馬併貴人爲吉馬。一吉遇三合、六合，則『吉』加倍明顯，如百吉會，一個凶煞出現，而凶也快現。

**四庫案語解：**流年太歲起自大運及命主本運的，則有大惡運或死亡之災。小不吉的運，會有小災，但自有福，若刑剋處仍會有災。身、運二者，須有相符合的五行相助生旺為吉。四柱為主，運為客（為副），以客害主的，必凶。大、小二運到時，有驛馬在運中，即速見吉凶。馬主動，主快速，必須仔細看三元、四柱而論。不可有馬則吉，而不講立即有凶之事呀！

『吉若勝凶，凶藏吉內』，這是講『六合之吉，凶會』。『凶吉會』分四組：一、凶合凶，則爲凶，其事易明。二、吉合吉，亦凶。物極則反。司馬季主亦曰：『盡吉合則殃』。

三、爲吉合凶爲吉。

四、凶合吉，則凶中帶吉。

『凶吉何者爲勝』，以吉、凶神煞之支對命主五行相生爲勝，相剋的爲敗。

**四庫案語解**：要言吉凶，常有相反之事，如季主云：『使盡吉合則殃』。不能全有吉合。

## 【原文】

**運限之道，有天官限者。**三元到中庸之地，見貴逢合或只有貴卻無合，或有合而無貴，四柱相生，運歲相輔，凡得此限，君子將榮，庶人獲安，事事皆吉。有得勢限，三元俱到旺相地，四柱相貴承。有龜藏限，如祿金入土干下者是也。命金入土，支下身金入土納音下者，則暮春之優游，不利君子利乎小人，蓋子弱母勝也。有波浪限，金人運到亥子歲，乃小運上是也。木人大危，余人意思不調，飄泛如舟也。有風雨限，運到三元衰絕處氣運小運又為祿鬼，如此則吉凶相繼，來去迅速，勢若風雨暴遇而無所繫也。有布素限，行運到身旺相支干死絕是也，若太歲小運扶助，本命雖入災運，於十載之間亦有五年之吉，不至於凶甚，以此消息，故名布素。限分前後，五年不吉，後運則助五年

◎『李虛中命書』詳析

無凶，後運若凶則凶咎。有失所限，三元俱值鬼，二運見三刑併沖，柱主本與行年不相承，作黃泉失所之命也。有破碎限，此非死限，只是金破碎，去如流水而不返，諸運氣沐浴更逢真鬼，謂甲衰而有庚之類。有災位限，運至伏吟，上逢喪吊，見白衣飛廉孤寡歲刑剋身者，是主災位之事。凡得此限，則親戚不利，主有喪服。

【解析】

『天官限』即天道中庸之道。凡事不可過盛，亦不可過衰，此爲天官之設限，十干十二支各屬八卦中宮，都以『中庸限』爲尊榮。

**四庫案語解**：三元到中庸之地，有貴合或有貴無合，或有相合而無貴，四柱有相生，歲運也相輔，凡再得此天官限，君子將榮耀、平民獲平安、萬事皆吉。『得勢限』：是三元都在旺相之位，四柱有貴人相承。如甲人得『寅、卯、辰』氣全一方之盛，不可再有『亥、寅』六合，三合『卯』之為過盛。

『龜藏限』：如祿金在土中，例如『庚戌』釵釧金，金藏在地支『戌』土之中，稱『龜藏』，則不宜四柱再有土盛之『戊、己、辰、戌、丑、未』。命金在土支，身金在上干，納音在支上現，如此則子弱母勝，不利君子利小人，中、晚年優游自在，不利工作。

『波浪限』：命主為金的人，運到亥年、子年有波濤不吉。命主為木的人逢波浪限有大危險，運如泛舟、起伏不定。

『風雨限』：大小運到三元衰絕時，氣運和小運又有祿鬼。如此則吉與凶相繼而來。來去迅速，如暴風雨一般。

※五行交替之運，如『亥、子、丑』水運接交於『寅、卯、辰』木運，五行交運三十年為一期，吉凶尤明，鮮有人能持續三十年有好運的。

◎『李虛中命書』詳析

『布素限』：布素即『空亡』。為一無所有之意。財官祿貴人入空亡皆不吉。行運到身旺相而干支在死絕之處之意。若流年太歲及小運生扶，本命雖有災運，在三十年之間亦會有五年吉祥，不至於太凶。故名布素。大、小限分前與後，前五年不吉，後五年則助五年無凶。後運若凶則凶更甚。有失所限度，三元都有鬼剋，大小運有三刑併沖，四柱本命與年運不相承（相生），此為走黃泉路之死命。

『破碎限』：此非死限，只是會破碎，如流水不返。此指沐浴桃花沖剋、相合之地，古代『桃花』名『破碎』。在許多運氣中，沐浴再逢刑剋（真鬼），是講甲木衰弱而有庚金之類。

『災位限』：大小運至『伏吟』，又逢喪門、吊客，見白衣、飛廉、孤神、寡宿、歲刑剋身，是主有災位之事，凡有此限，則不利親戚，有服喪之事。

※命主金人行『沐浴』運，命主火、木人行『胎』運，命主土人行『死』運，命主水人行『墓』運。皆在災位之中，本已不吉，不須另逢刑沖。

## 【原文】

**夫三元九限者，乃人之利也。四柱三才者，乃人之本也。本輕則大者小利，小則主本貧，而更無運，路亦惶惶無所依矣。**本大者得之小，猶勝小者得之大；本小者得之大，未及大者得之小。本重則利重，本輕則利輕。本重得小者遐邇無凶，得大者官清祿崇。本輕則小者且福且利，得大者吉極防凶。有小者如物待時得時，則萬物滋長。本無者如折木懸空，氣過則花實併敗，是故木生於震臨離兑以多殃，火産東南赴天門而寡祿，金降自乾東而震北遇坤鄉而敗祿，衰官水長逢火木祟，方復乾宮而潛身退跡，五土忌於真敗，隨氣運以詳之。又土無正位，隨真運而敗，甲己土敗在酉，乙

◎庚金敗在午，丙辛水敗在酉，丁壬木敗在子，戊癸火敗在卯，各以十干所配消息而取用也。

【解析】

三元、九限是人之有利之物。四柱、三才是人之基礎根本。基礎不佳、則得利少，本稍輕的，得小吉利，本弱的，則命主貧窮，若更無運，會更內心惶恐無所依恃了。

**四庫案語解：**四柱居旺為本大，得吉小，還勝過四柱不旺，而得吉大。後者是不比前者命好的。四柱居旺本重則得吉重多。四柱本輕不旺則得吉輕。四柱本旺得吉小的，遠近大小都不會有凶。得吉大的，官位清高，名聲好，祿也高，富貴皆高，四柱不旺的，吉少。有一點福就有一點利。如果得大吉的人，要防凶事發生。有小吉的，像萬物等待時機，則萬物會生長。四柱之本無旺的，如懸在空中折斷之木，過時則花和果實都凋謝了。因此，木生於震（東方）臨離兌（西南）會多災殃。火生在東南，赴天門指（西北）而無祿。金生自乾東南震北，遇坤鄉而敗祿，是說金人生在乾位西北和震位（東方）一條線以北之處，若遇土運則會敗祿、敗財。水多官衰（火弱），逢木火旺而貴崇。又行乾運（水運）而官潛退位。丑土怕真敗。隨氣運以明之。土無正位，寄四隅，隨真運而敗。甲己之土，敗在酉。乙庚之金敗在午、丙辛水敗在酉，丁壬木敗在子，戊癸火敗在卯，是以十干生剋所取用的。

※敗地即沐浴之地。

## 天承地祿

**【原文】**

日之火也陽之晶，月之水也陰之極。日自左而奔右，歲行一周。月自陰而還陽，三旬一往。子為天正，寅為地常。四正為上，以左右為門，運陰陽旋轉之機，應天地虧盈之數。六十載支干同日，神頭後有顯說。

**【解析】**

太陽之火，是『陽』之晶華。月之水是『陰』之至極。太陽自左向右旋轉，一年走一圈，月亮自暗轉亮，三旬一往，一旬十日。『子爲天正』，指記年以『子』開始，如甲子、乙丑……等序年。『寅爲地常』，指記『月』以『寅』開始。甲子年正月取丙寅。『四正』指『子、午、卯、酉』。此爲黃道上四個正點。『左右爲門』是指前一辰與後一辰。例如『寅、卯、辰』以及『寅、辰』爲左右之門。『寅』爲木之初氣，『辰』爲木之餘氣，爲『卯正』之左右門戶，全則開廣，缺門（卯）則爲孤正，遇沖無門，受刑剋更重。陰陽相互變化運轉，相應於日月盈虧之天數。六十甲子干支，以其日上神頭，在後面舉明。

此後爲天地德合表二則。『表一』是天干五合、地支六合之類。『表二』是天干五合、地支暗合之類。此爲後世看四柱多所參考而用之資料。

◎『李虛中命書』詳析

## 天地合德表㈠

【原文】

甲子、己丑換貴德。

【解析】

甲貴在丑、己貴在子，互換貴人。

【原文】

甲寅、己亥三元承天德。

【解析】

甲寅納音水，己亥納音木，甲己相合，三元（干祿、支命、納音身）皆承甲木之氣，故謂承天德。

【原文】

甲辰、己酉敗干失地德

【解析】

甲居辰位，本衰，故曰『敗干』。地支辰酉相合化金，故曰『失地德』。

【原文】

甲午、己未敗夫承妻神貴德

【原文】

甲申、己巳陰往陽承、陽干敗絕德

【原文】

甲戌、己卯自官從旺夫妻德

【解析】

甲在午至死位，土至未旺位，甲之陰貴在未，故稱『敗夫承妻貴德』。

【解析】

甲在申位至絕，稱『陽干敗絕』。地支申至巳爲『陰往陽承』。但仍甲己相合，巳申合。

【解析】

甲木是戊土之官，故干支上下稱『自官』。甲己相合土，戊卯相合火，火生土，故稱『自官從旺夫妻德』。

◎『李虛中命書』詳析

**【原文】**

丙子、辛丑陰盛歸陽藏敗德

**【解析】**

干支四個字中，子、辛、丑皆屬陰，歸於丙干之陽。丙在子位為胎衰之位，故曰『敗德』。

**【原文】**

丙寅、辛亥天地貴神重換德

**【解析】**

天干丙辛相合，地支寅亥合，又互換貴人。

**【原文】**

丙辰、辛酉丙祿相合承地復敗德

**【解析】**

丙辛相合水，辰酉相合金，丙祿相合承，丙至金位為死位，又敗德。

**【原文】**

丙午、辛未祿氣相資生合德

**【解析】**

丙辛相合、午未相合、丙在午爲帝旺，辛在未爲冠帶皆旺位而生祿，又相合。

**【原文】**

丙申、辛巳祿承本祿生成德

**【解析】**

丙辛相合、巳申合、丙祿在申，故稱『本祿生成德』。

**【原文】**

丙戌、辛卯陽承本官干合德

**【解析】**

丙午剋戌中辛金爲官。丙辛合，戌卯合。

◎『李虛中命書』詳析

【原文】

戊子、癸丑陽附貴而陰懷德

【解析】

戊癸合、子丑合，戊爲陽，其貴在丑，故稱之。

【原文】

戊寅、癸亥陽附陰神相濟德

【解析】

戊癸合、寅亥六合，戊寄艮寅，故戊爲『陽附陰神相濟德』。

【原文】

戊辰、癸酉祿命吉神德

【解析】

戊癸合火，辰酉合金，火之祿爲金，故稱『祿命吉神德』。

【原文】

戊午、癸未祿命太過不承德

【解析】

戊癸合、未合午貴，祿命過旺不承德。

【原文】

戊申、癸巳各守舉而不敢刑德

【解析】

戊癸合、巳申合，守分而不刑。

【原文】

戊戌、癸卯陰貴暗符重貴德

【解析】

戊癸合、戌卯合，癸貴在卯，戌至戌位有暗符。

◎『李虛中命書』詳析

**【原文】**

庚子、乙丑支干合換貴自盛德

**【解析】**

乙庚相合、子丑合，支干互換貴人，庚貴在丑，乙貴在子。

**【原文】**

庚寅、乙亥陽附陰大貴德

**【解析】**

乙庚合、寅亥合，亥遇乙有天德，寅遇亥爲月將。庚爲陽附陰在貴德。

**【原文】**

庚辰、乙酉金水未成用德

**【解析】**

乙庚合金、辰酉合，庚辰納音金，乙酉納音水，尚未成用。

【原文】

庚午、乙未干祿不備自敗德

【解析】

乙庚合、午未合官，庚至午爲敗地，故爲『自敗德』。

【原文】

庚申、乙巳帶刑帶鬼帶食德

【解析】

乙庚合、己申合，但巳申相刑，巳中帶鬼帶食傷。

【原文】

庚戌、乙卯祿承陰會小享德

【解析】

乙庚合、卯戌合，庚戌納音爲金，乙卯納音爲水，卯木爲金之財祿。有小亨之德。

◎『李虛中命書』詳析

【原文】

壬子、丁丑祿會官承換官德

【解析】

丁壬合，子丑合，壬爲丁之官，丑爲子之官，壬祿在子。

【原文】

壬寅、丁亥祿貴本元生氣德

【解析】

丁壬合，寅亥合，壬寅納音金，丁亥納音土，土會生金，故稱本元生氣德』。

【原文】

壬辰、丁酉貴會氣承清潔德

【解析】

丁壬合木，辰而合金，丁貴在酉，彼此金木相剋，故稱『清潔德』。

【原文】

壬午、丁未支干不合陽祿陰符德

【解析】

丁壬合木，午未合官，壬在午上，丁在未上，皆至絕位，不合。

【原文】

壬申、丁巳本合無刑陰貴德

【解析】

丁壬合，己申合，本合而無刑。壬貴在巳。

【原文】

壬戌、丁卯往來換官德

【解析】

丁壬合，戌卯合，壬官為戌土，壬戌納音水，丁卯納音火，互換為官。

◎『李虛中命書』詳析

**【原文】**

若夫顯說之外，非至聖則難言。二儀同德，歸一而可測。搜造化伏現之機，格有無奇儀之會，發揚妙旨，神鬼何誅。疑誅為殊，乃鬼谷自謂臨於神鬼之妙，豈鬼神之所見誅也。

**【解析】**

假若在一般理論之外，則不是聖賢則難講此理。陰陽二儀一同運行，歸於太極而可預測事物。搜索萬物生長變化所隱伏或出現的玄機，格局有沒有奇格之相會，或有奇妙意義發現及展現，神鬼都一樣爲之興奮。

**四庫案語解**：疑『誅』字為『殊』字。這是鬼谷子自己稱臨於鬼神之妙，並不怕鬼神誅之。

【原文】

甲寅、己未、己丑上文秀人臣調鼎格，下秀而不清中貴格。

【解析】　甲己相合，支上丑、未皆甲之貴人。干上清秀的。爲『人臣調鼎格』。地支秀而不清的，爲『中貴格』。

【原文】

甲辰、甲戌、己亥上下祿命秀合重者，守德侍從，一本添己酉。

【解析】　甲己相合，辰、戌爲魁罡，可做有德之侍從之命。另外一種是再添一柱爲己酉。

【原文】

甲午、己酉重敗祿夫奔妻，有秀無祿格。

【解析】甲己相合，午酉相破。甲午納音金，己酉納音土，土生金，爲『夫奔妻』，爲『有秀無祿』格。

【原文】

甲申、己卯正夫絕妻貴奔夫正貴格，可作侍臣並非長遠之用。

【解析】甲在申地爲絕地，已貴在申，故爲『妻貴奔夫正貴』格。此格可做侍臣之人，不可長遠之用。

【原文】

甲子、己巳祿厚重合奔妻，夫地清貴上品格。

【解析】甲在子地爲沐浴，己臨巳爲臨官、祿旺，甲己合，甲爲之稱『清貴上品』格。

**【原文】**

丙寅、辛未、辛丑上承妻貴奔夫大順格，下夫奔妻德通變秀和格。

**【解析】** 丙辛相合，享貴在寅，丙在寅地長生。丙為夫、辛為妻，故為『妻貴奔夫大順格』。下面一種是『丙寅、辛丑』，為『夫奔妻德通變秀合』格。

**【原文】**

丙辰、丙戌、辛亥上自合承官妻貴格，下德貴相承自清格。

**【解析】** 丙辰是砂中土，丙戌是屋上土，丙至辰為冠帶，丙至戌墓，辰戌乃魁罡，故上者為『承官妻貴格』。下面丙辰、辛亥為『德貴相承自清格』。

【原文】

丙午、辛酉秀合神頭祿，先利後敗，夫婦文貴格。

【解析】　丙午爲神頭祿，丙辛相合、午酉相破，天干相合合稱『秀合神頭祿』。此格先吉後凶。爲『夫婦文貴格』。

【原文】

丙申、辛卯支干無地秀而不英格。

【解析】　丙坐申位爲病位。辛坐卯位爲官位，丙辛相合，卯申相刑，故爲支干無地，『秀而不英』格。

【原文】

丙子、辛巳陽祿扶義，陰德相承，生旺格。

【解析】丙干爲陽祿，『義』指丙，丙子納音水，辛巳納音金，金水相生，故爲『陰德相承』，爲『生旺格』。

【原文】

戊寅、癸未、癸丑上有貴暗官不清格，下有地相通貴濁格。

【解析】戊貴在丑，寅中有甲是戊之暗官。故『戊寅、癸未』爲『暗官不清格』。癸未、癸丑、丑未相沖，『地相通貴濁格』。

【原文】

戊辰、戊戌、癸亥上妻奔夫神頭祿清貴格，下官輕承秀兵印大權格。

【解析】戊辰、戊戌、癸亥皆爲『神頭祿』，戊癸相合，辰亥相合，辰戌又爲魁罡，故癸妻奔夫。爲『神頭祿清格』。下部爲魁罡掌兵印大權格。

【原文】

戊午、癸酉支干失地，無官有祿，空秀格。

【解析】戊在午地、癸在酉地，皆不在旺位，無官有祿，午中有丁巳祿，酉爲辛祿，爲『空秀格』。

【原文】

戊申、癸卯妻貴扶祿承合不秀格。

【解析】癸之貴人在卯爲妻貴，爲『承合不秀格』。

【原文】

戊子、癸巳癸祿往還秀氣人臣格。

【解析】戊癸相合，癸祿在子，戊祿在巳，故稱『癸祿往還秀氣人臣格』。

【原文】

庚寅、乙未、乙丑妻重貴秀合兵印重權，上清下濁格。

【解析】庚貴在丑、未，一是陽貴，一是陰貴，丑未為大吉、小吉，兵印重權，為『上清下濁』格。

【原文】

庚辰、庚戌、乙亥二者乃魁罡相承，兵印重承，上清下濁。

【解析】辰戌爲魁罡，辰亥相合，承兵印，爲上清下濁格。

【原文】

庚午、乙酉夫旺妻旺格，中而必敗。

【解析】乙庚相合，午酉相破，庚至酉旺，乙至午旺，故爲『夫旺妻旺格』，但中途會敗。

【原文】

庚申、乙酉祿頭專合人臣剛殺格。

【解析】庚申上下干支相通，爲神頭祿。乙庚相合，申酉爲金，此爲專合，爲『人臣剛殺格』，因金多。

【原文】

庚子、乙巳秀合暗官妻奔夫貴格。

【解析】 乙庚相合，乙貴在子，乙之官在巳中，爲秀合暗官妻奔夫貴格。

【原文】

壬寅、丁未、丁丑上陰地陽承反復格，下秀合不清高上格。

【解析】 干上丁壬相合，地支丑未相沖，上有雙丁爲陰，地支寅未爲陽，爲『反復格』。下部『不清高上格』。

【原文】

壬辰、壬戌、丁亥上秀清祿會格，下濁名卑位高格。

【解析】壬祿在亥，辰戌爲魁罡，辰亥相合，故上部爲『祿會格』。下部辰戌爲土，故名『濁名卑位高格』。

【原文】

壬午、丁酉陰附陽祿，陽承陰貴格。

【解析】丁壬相合、午酉相破、丁祿在午，爲『陰附陽祿』。丁貴在酉，爲『陽承陰貴』格。

【原文】

壬申、丁卯妻貴夫承，官德相交，中貴格。

【解析】丁壬相合，壬申納音金，丁卯納音火，火是金之官，故稱官德相交，爲『中貴格』。

【原文】

壬子、丁巳祿德會合暗官虛中大用格。

【解析】丁壬相合，壬貴在巳，丁之天德在子，丁之官爲水，故稱『祿德金合，暗官虛中大用格』。

【原文】

夫寅午戌之類，乃五行體合三生之會也。子丑之類，地支歲合也。甲己之類，真氣德合也。寅丑未之類，天地真刑會也。甲得丑未，無合有合也。丁見亥之類，祿氣通合也。申見乙，支合干也。甲見亥，干合支也。各看失位之輕重，得地之清濁，上下配偶親疏之緊慢也。其神頭祿者，乃陰陽專位天地神會也。列八卦之真源，演五行之成敗，剛柔相推，有無合化也。故壬子之水應北方之坎，丙午之火實南宮之離，所以丙午得壬

◎『李虛中命書』詳析

子不為破，丁巳得癸亥不為沖，是水火相濟之源，有夫婦配合之理。坎離為男女精神之中者也，壬子見丙午，癸丑見丁巳，則先水後火，有未濟之象，又不如丁巳見壬子，丙午得癸亥也。

【解析】

『寅午戌』之類即五行之三合。『三生』指『始生即長生』、『當生即帝旺』，『巳生即墓庫』。故『寅午戌』也是『長生、帝旺、墓庫』之相會。初、旺、終爲三全之會。

『子丑之類，地支六合，甲己之類，真氣結合』是指子丑合土，爲地支六合，又遇天干甲己合土，爲支干同合，故爲本氣真合。

『「寅、丑、未」之類，天地真刑會也』，是指甲之臨官在『寅』，天乙貴人在『丑、未』，『丑、未』又相沖，遇甲寅旺位，爲刑會得時，是天地（干支）真刑會，主吉。甲得『丑、未』天乙貴人全，不須見六合，亦有貴氣自向甲干，即『無合有合』。丁之貴人在『亥』，貴祿自通。

『申』可代替『庚』之用，乙庚相合金，『乙申』亦可論作六合金，後稱『暗合』。

『乙』木合於『申』金，爲『支合干』，『甲』見『未』，『未』可代『己』土用，以『未』爲木墓。是甲干之本庫，故『甲己』合土，論爲干合支。但要以干支之中是否有其他的五行另有他會，合、刑、剋，而分清濁。清則吉貴，濁而不純。

『其神頭祿者，乃陰陽專位天地神會也。』——

**『神頭祿』即八卦之正位之『八專』，專指『壬子、癸亥、丙午、丁巳、庚申、辛酉、甲寅、乙卯』。此爲五行剛柔相生之**

源，縱然在對沖之位，以合化論之，不以『沖』解。『壬子、癸亥』水，應北方之『坎』位。『丙午、丁巳』火乃南方之『離』位。因此丙午得壬子不爲破，丁巳得癸亥不爲『沖』是『水火既濟』。喻爲夫妻之情，但若『壬午』見『丙子』，爲『水火未濟』，爲失天時之配，則不吉。

**四庫案語解：**坎離（壬午），為男女夫婦人倫匹配合化之理為中庸之道，壬子見丙午，癸丑見丁巳，則先水後火，有未濟之象。又不如丁巳見壬子，丙午得癸亥，先火後水『水火既濟』。

## 【原文】

庚申辛酉之金，應西方之兌。甲寅乙卯之木，象東方之震。凡甲寅得庚申不為刑，乙卯得辛酉不為鬼，是木女金夫之正體，明左右之神化也。木主魂，金主魄，二者左右相間不合，若能全合，則神之化生以間也。若庚申見乙卯，辛酉得甲寅，不為變識之用也。

**戊辰、戊戌之土為魁罡相會。乾坤厚德，覆載含生，不得以為反吟也。**戊辰戊戌不為沖破，是土得正位於守元會也。

## 【解析】

庚申、辛酉之金爲西方『兌金』之正體。甲寅、乙卯之木爲東方『震』木之正體。因此凡甲寅得庚申在四柱中，不算刑剋。乙卯得辛酉在四柱中，也不算鬼官。這兩種都是木女金夫，做夫婦匹配之義的正體。沖剋得時，如果顛倒，則失時失位。

**四庫案語解**：木主靈魂，金主靈魄，二者不合，若能全合，則能通靈制化其間。如果庚申見乙卯，辛酉見甲寅，則失其時位，不吉。

『戊辰、戊戌』之土，『辰戌』爲魁罡相會，地支相沖，因干支全土局，做本氣相會，不作沖論，以戊己土論爲坤德厚載，是不畏沖剋的，反而能覆載萬物有生育之功，不作反吟論。

**四庫案語解**：戊辰、戊戌不為辰戌相沖破，是土得正位、守元會。

## 【原文】

己丑己未是貴神形體具備，守位忠貞，動靜不常，此四維真土，有萬物終始之道，非才能明於日月。器度廣於山川，大人君子孰能備德，況神頭祿各有神以主之，應日臨神，或左右運動於六合之中，盈縮於吉凶之變也。己丑土為天乙貴人，乙未土為太常福神，解百煞之凶，配一人之德，吉以吉應，逐凶釋凶。若得之當用，則為橫財之善。若戊辰為勾陳，戊戌為天空亡之神，多遷改君師，外蕃出鎮邊防，有所不常矣。丁巳為騰蛇之神，凶以凶用，吉以吉承，多熒惑之憂，有滑稽之性。丙午為朱雀之神，應陽明之體，文辭藻麗。甲寅為青龍之神，博施濟眾，得四方之利。乙卯為六合之神，主發生榮華和弱順儻。壬子為天后之神，主陰騭天德，容美多權。癸亥為玄武之神，乃陰陽極終，有潛伏之氣，從下如流，雖名大智，非軒昂超達之士，不可姑息，順則安平，逆則奸危。庚申為白虎之神，利於武而不利於文，有抱道旅羈之性，善中嚴內，色厲內荏，有仁義，好幽僻。辛酉為太陰之神，懷肅殺之氣者，有清白之風，為文章和易不世之才。然後各以親疏休旺定之也。

**【解析】**

乙丑、己未是貴神形體具備，已見丑、未，乃墓庫守靜之地，土性不動，爲厚載之象，不作沖刑論。這是辰、戌、丑、未四維之土。『萬物始終之道』，是指六十干支各有專位在九宮方位之上，但以日、時之得時失時配屬大運運轉，錯綜複雜，一定要有才能瞭解日月陰陽之事，器度廣博才能瞭解山川、窮天地之道。大人君子誰能有德明瞭呢？何況『神頭祿』各有神明主掌，以每日來臨其神，或左右在六合之位變化，或變大、變小在吉凶之中變化。

**四庫案語解：**乙丑土為天乙貴人，乙未亦為太常福神，能解百煞之凶，用得好，有財則。

戊辰為勾陳，戊戌為天空亡神，易換老師及君王，或外放做邊帥或大使，不長久。

丁巳為騰蛇之神，主凶就凶用，主吉就吉用。多火災，性格滑稽。

丙午為朱雀之神，有文彩。

甲寅為青龍之神，多慈善濟助，得四方之利。

乙卯為六合之神，性溫順主榮華。

壬子為天后之神，有陰隲蔭福、容貌美、權大。

癸亥為玄武之神，從下如流、有大智，柔順者平安，狂逆者奸危。

庚申為白虎之神，利武職，有旅羈之性，有仁義、好幽僻。

辛酉為太陰之神，有清白之風，文章和易不世之才。

## 水土名用

### 【原文】

**土本無一方之氣，從水妻之義也。陰陽各逐四時成就。**辰中有乙，則木土成之，故在寅卯辰中之土，隨木之生旺也。魁裡藏辛，則金土成之，故在申酉戌之土，隨金之生旺也。貴神得癸，則水土成之，故在亥子丑之土，隨水之生旺也。未隱丁火，則火土成之，故在巳午未之土，隨火之生旺也。大體如此，則其土之用，皆喜於辰戌丑未也。戊氣從戌從巳，戌火鍾而土育，巳火極而土成，巳氣從亥從午，亥火之絕也。土生午火之旺也，土音蓋巳午為火極，戌亥為火熄，父母極熄而子孫成之，與水之異也，二氣俱逆，戊得丑而為巳，得未巳自亥逆至木旺，戊自巳逆至丑旺，天地之中庫於辰，金土之會成於戌。然則水土當育於寅。陰陽之中，卯酉為無止之地，子午為夫旺婦極之所。丑乃木立形而上藏，甲為金成而土衰，戊作魁而利，乃土發之獨用，不從四時之義也。其立用之方，蓋土無定形，雖載其文，而未可究其指，故存之以待來者。

【解析】

土本無一方之氣，土附於水，戊土附於壬，己土附於癸水。在申中土附長生。故稱『從水妻之義』。『陰陽各逐四時成就』，是講陰陽形成春夏秋冬四時，能蘊育萬物有成就。

**四庫案語解**：辰中有乙，則木土成就之。故在『寅卯辰』中之土，隨木而生旺了。『魁』為戌，戌裡藏辛，則金土成就了，故土在『申酉戌』之中，隨金生旺。辰為天罡為貴神，得癸，則水土成就之。故在『亥子丑』之土隨水而生旺。未中有丁火，則火土成就之，故在『巳午未』之土，隨火性生旺。土之用皆喜辰、戌、丑、未。

戌氣從戌從巳，戌火鍾於墓而育成。巳火極旺而化為土。巳氣從亥從午，亥為火之絕位。土生午火之旺，納音土在巳午為火極之地，戌亥為火熄之地，父母要快點火熄而子能成就之。與水不一樣，二氣皆逆行，戌得丑為巳，得『未、巳』自亥逆至木旺。戌自已逆至丑旺。天地之中，庫於辰，金土之會成於戌。然而水土會孕育『寅』。在陰陽五行之中，卯酉為東西無止之地，子午為夫旺婦極之所（子為陰極，午為陽極），丑為木立形而土藏其中，甲為金成而土衰，或作地魁而有利。此為土之獨有用處，不從春夏秋冬四時之義來講。土之有用，但土無定形，雖作此文，仍未能追根探究其旨，故存之以待來者解之。

# 納音五行姓名學

一般坊間的姓名學書籍多為筆劃數取名法，
這是由國外和日本傳過來的，與中國命理沒有淵源！
也無法達到幫助人改善命運的實質效果。

凡是有名的命理師為人取名字，
都會有自己一套獨特方法，就是——納音五行取名法。

納音五行取名法包括了聲韻學、文字原理、字義、
聲音的五行來配合其人的命理結構，
並用財、官、印的實效能力注入在名字之中，
從而使人發奮、圓通而有所成就。
納音五行的運用，並可幫助你買股票、
期貨及參加投資順利。

現今環球已是世界村的時代，很多人在小孩一出世時，
便為子女取了中文名字、
英文名字及日文名字，
因此，法雲老師在這本書將這些取名法
都包括在此書中，以順應現代人的須要！

# 簡易實用靈卦·易學

卜卦是一個概率問題，也十分科學的，
當人在對某一件事情執著的時候，又想預知後果，
因此就須要用卜卦來一探究竟。
任何事物都無法脫離時間和空間而存在。
紫微和八字的算運氣法則，是先有時間再算空間，
看是在什麼樣的時間點走到什麼樣的空間去！
卜卦多半是一時興起而卜卦的，
因此大多數的時間和空間都是未知數，
再加上物質運動的變化，隨機而動的卜卦才會更靈驗！

卜卦必須要懂得易經六十四卦的內容與代表意義。
法雲老師用簡單易懂的方法教你
手卦、米卦、金錢卦、梅花易數的算法，
讓你翻翻書就立刻知道想要知道的結果！

# 用你的運氣來減肥瘦身

法雲居士⊙著

人身邊的運氣有很多種，有好運，也有衰運、壞運。通常大家只喜歡好運，用好運來得到財富和名利。

但通常大家也不知道，所有的運氣都是可用之材。衰運、壞運只是無法得財、得利，有禍端而已，也是有用處的。只要運用得當，即能化險為夷，反敗為勝。並且運用得法，還能減肥、瘦身、養生。

這是一種不必痛，不必麻煩，會自然而然瘦下來的減肥瘦身術，以前減肥失敗的人，應該來試試看！

學會這套方法之後，會讓你的人生全部充滿好運跟希望，所有的衰運也都變成有用的好運了！

# 樂透密碼

法雲居士⊙著

偏財運的暴發能量＝人的質量×時間$^2$（本命帶財）

本書是討論會中樂透彩的人必有其特質，其中包括了『生命財數』與『生命數字』。

能中樂透彩的人必有暴發運，

世界上有三分之一的人有暴發運。

因此能中樂透彩之人必有其數字金鑰和生命密碼。

如何運用這個密碼和金鑰匙打開生命中的最高旺運機會，又將在何時能掌握到這個生命的最高峰，這本『樂透密碼』將會為您解開通往幸運之門的答案！

對你有影響的

# 身宮·命主·身主

◎法雲居士◎著

在紫微命理的學理中，命盤上每一個宮位、星曜、星主、
宮主都是十分重要的。其中，身宮、命主和身主，
代表人的元神、精神，是人靈魂方面的內涵。
一般我們算命，多半算太陽宮位，是最起碼的算命方式。
像身宮是太陰所管轄的宮位，我們要看人的內在靈魂，
想看此人的前世今生，就不能忽略這些代表人內在靈魂
的『身宮、命主和身主』了！

# 紫微面相學

《全新修訂版》

法雲居士⊙著

『面相』是一體兩面的事情，
我們可以從一個人的外表來探測其內心世界，
也可從一個人所發生的某些事情來得知此人的命運歷程。
『紫微面相學』更是面相中的楚翹，
在紫微命理裡，命宮主星便顯露了人一切的外在面貌、
精神與內在的善惡、急躁、溫和。

- 『紫微面相學』能從見面的第一印象中，
立刻探知其人的內在性格、貪念，與心中最在意的事
與其人的價值觀，並且可以讓你掌握到此人所有的身家資料。
- 『紫微面相學』是一本教你從人的面貌上，
就能掌握對方性格、喜好，並預知其前途命運的一本書。
- 『紫微面相學』同時也是溫故知新、面對自己、
改善自己前途命運的一本好書！

法雲居士⊙著

讓老天爺站在你這邊幫忙你考試

- 老天爺給你一天中的好時間、給你主貴的『陽梁昌祿』格、給你暴發運的好運、給你許許多多零碎的、小的旺運來幫忙你K書、考試。但你仍需有智慧會選邊站，老天爺才會站在你這邊！

如何運用運氣來考試

- 運氣是由許多小的時間點移動的過程所形成的，運用及抓住好的時間點，就能駕馭運氣、讀書、K書就不難了，也更能呼風喚雨，任何考試都手到擒來，考試強強滾！
考試你最強！

法雲居士⊙著

『紫微姓名學』是一本有別於坊間出版之姓名學的書，
我們常發覺有很多人的長相和名字不合，
因此讓人印象不深刻，
也有人的名字意義不雅或太輕浮，以致影響了旺運和官運，
以紫微命格為主體所選用的名字，
是最能貼切人的個性和精神的好名字，
當然會使人印象深刻，也最能增加旺運和財運了。
『姓名』是一個人一生中重要的符號和標幟，
也表達了這個人的精神和內心的想望，
為人父母為子女取名字時，就不能不重視這個訊息的傳遞。

法雲居士以紫微命格的觀點為你詳解『姓名學』中，
必須注意的事項，助你找到最適合、助運、旺運的好名字。

# $1元起家、能買空賣空的命格

景氣不好、亂世，就是創業的好時機！

創業也會根據你的命格型態，
有不同的創業方式及行業別，
能不能夠以『$1元起家』，輕鬆的創業，
或做『買空賣空』的行業，其實早已命中註定了！

任何人都可以運用自己的運氣來尋找財富，
掌握時間點就能促成發富的績效。

新時代創業家是一面玩、
又一面做生意賺錢的快活族！

# 你的財要怎麼賺

這是一本教你如何看到自己財路的書。
人活在世界上就是來求財的！
財能養命，也會支配所有人的人生起伏和經歷。
心裡窮困的人，是看不到財路的。
你的財要怎麼賺？人生的路要怎麼走？
完全在於自己的人生架構和領會之中，
法雲居士利用紫微命理為你解開了這個
人類命運的方程式，
劈荊斬棘，為您顯現出你面前的財路，
你的財要怎麼賺？

VENUS PUBLISHING CO.
金星出版
命理生活新智慧・叢書